GÜTERSLOHER
VERLAGSHAUS

Gütersloher Verlagshaus. Dem Leben vertrauen

kindergottesdienst praktisch 2010

Mit Kindern Glauben feiern und verstehen

Herausgegeben von Urd Rust

unter Mitarbeit von Susanne Betz, Doris Dirwald, Gudrun Luise Helm, Uwe Huchthausen, Beate-Michaela Jöst, Ulrike Lenz, Kathrin Lichtenberger, Gottfried Mohr, Julia und Ralf Neuschwander, Kerstin Othmer-Haake, Andrea Petritsch, Erhard Reschke-Rank, Anke Schäfer, Dirk Schliephake, Martin Schoch und Karl-Heinz Stöppler-Dirwald

Gütersloher Verlagshaus

Bibliografische Information der Deutschen Nationalbibliothek
Die Deutsche Nationalbibliothek verzeichnet diese Publikation in der Deutschen Nationalbibliografie; detaillierte bibliografische Daten sind im Internet über http://dnb.d-nb.de abrufbar.

FSC
Mix
Produktgruppe aus vorbildlich bewirtschafteten Wäldern, kontrollierten Herkünften und Recyclingholz oder -fasern
Zert.-Nr. SGS-COC-004278
www.fsc.org
© 1996 Forest Stewardship Council

Verlagsgruppe Random House
FSC-DEU-0100
Das für dieses Buch verwendete
FSC-zertifizierte Papier *Munken Premium*
liefert Arctic Paper Munkedals AB, Schweden.

1. Auflage

Umschlaggestaltung: Init GmbH, Bielefeld,
unter Verwendung eines Bildes von Julius Wolski,
3. Klasse 2008, Grundschule Dannenfels/Donnersbergkreis
Satz: Buch-Werkstatt GmbH, Bad Aibling
Druck und Einband: Těšínská Tiskárna AG, Český Těšín
Printed in Czech Republic
ISBN 978-3-579-05473-5

www.gtvh.de

Inhaltsübersicht 2010

vorwort

Liebe Mitarbeitende in der Kirche mit Kindern,

wahrscheinlich haben Sie schon beim ersten Blick auf den neuen Band von *Kindergottesdienst praktisch* gestutzt und gedacht: Irgendetwas ist anders. Anders ist das Bild auf dem Buchdeckel. Es ist Ergebnis einer kleinen Ausschreibung in der Grundschule Dannenfels am Donnersberg. Julius Wolski war der kleine Künstler, der unserem Logo mit dem Kinderkirchenschiff gerecht werden wollte. Ansonsten blieb aber das Lay-out des Werkes gleich.

Geändert hat sich auch die Herausgeberschaft. Nach vielen Jahren bewährter Arbeit im Kindergottesdienstbereich hat Manfred Hilkert im letzten Jahr das Metier gewechselt und ist Schuldekan geworden. Gleichzeitig hat er die Redaktionsarbeit für *Kindergottesdienst praktisch* abgegeben. Für seine jahrelange Vorarbeit möchte ich mich an dieser Stelle genauso bedanken wie für das Vertrauen, das alle Verantwortlichen mir entgegengebracht haben. Diese Ausgabe ist also mein erstes Werk auf neuem Gebiet. Am bewährten Konzept soll sich zunächst einmal wenig ändern. Da ich ja schon seit einigen Jahren mitarbeite, ist mir das Buch mit seinen Intentionen und Methoden vertraut. Schwerpunkt soll weiterhin die kreative Ausgestaltung der Liturgie und der Verkündigung sein. Das zeigen auch die Beiträge für das Jahr 2010.

Dieses Jahr überrascht mit einer eigenen Kindergottesdiensteinheit zur Fußballweltmeisterschaft in Südafrika. Die Autoren, die dazu Vorschläge für dieses Buch erarbeitet haben, machten während der letzten WM reichliche Erfahrungen mit Kirche und Fußball. Ralf Neuschwander war in der Evangelischen Kirche der Pfalz verantwortlich für die kirchlichen Projekte rund um die WM 2006. Dieses Material ist sicher auch bei anderen Events rund um den Sport in unseren Gemeinden zu verwenden.
Ungewöhnlich ist auch der Zugang zum Thema Reformation über die Kirchenpädagogik. Dazu hat Susanne Betz ihre kreativen Ideen eingebracht. Ansonsten kann ich nur Mut machen zum Stöbern und Ausprobieren. Die vielen liturgischen Texte und Ideen, die Aktionen und Geschichten laden dazu ein. Aus dieser Quelle können Sie schöpfen.

Besonders danken möchte ich den Autorinnen und Autoren, die in alter Verbundenheit weiterarbeiten wollten und denen, die neu dazugekommen sind. An ihren reichen Erfahrungen lassen sie uns teilhaben – und das ist nicht selbstverständlich.

Nun wünsche ich Ihnen allen eine spannende Lektüre, kreative Vorbereitungstreffen und gesegnetes Feiern im Kindergottesdienst!

Ihre
Urd Rust, Herausgeberin

wer ist der?

03./06.01.2010
(2. Sonntag nach dem Christfest/Epiphanias)
Taufe Jesu – Ganz bei Gott, ganz bei den Menschen
(Markus 1,1 + 9–11)

10.01.2010
(1. Sonntag nach Epiphanias)
Jüngerberufung – Ganz neue Wege
(Markus 1,14–20)

17.01.2010
(2. Sonntag nach Epiphanias)
Heilung des Gelähmten – Ganz unten
(Markus 2,1–2)

24.01.2010
(Letzter Sonntag nach Epiphanias)
Sturmstillung – Ganz da
(Markus 4,35–41)

Das Markus-Evangelium bietet die älteste Sammlung von Jesus-Geschichten, die wir kennen. Und für Markus ist jede Geschichte für sich selbst schon ganz und gar eine »froh machende Nachricht«, die er in seinem Evangelium zusammengefasst hat. Auch wenn Jesus es lieber als Geheimnis bis zum Ende bewahren möchte und verbietet es auszusprechen, wird durch seine Taten und Worte in den Geschichten klar, wer er ist: der angekündigte Messias, der Sohn, den Gott mit einer »einzigartigen Vollmacht« geschickt hat. Und das ist für Markus das zentrale Anliegen seines Evangeliums.

1. Er ist der, in dem Gott sich zu denen stellt, die an ihrer Verlorenheit leiden und sich danach sehnen, heil zu werden.
2. Er ist der, der zu den Menschen hingeht und ihnen das Evangelium vom Reich Gottes predigt und sie dafür gewinnen will.
3. Er ist der, der heilt. Er enttäuscht das Vertrauen nicht, das Menschen ihm entgegenbringen.
4. Er ist der, der weiß, wie schnell Mut und Hoffnung verloren gehen, wie schnell wir Menschen bei Bedrohung und Gefahr ihn aus den Augen verlieren – und der sich dennoch nicht enttäuscht von uns abwendet, sondern uns weiter treu zugewandt bleibt – bis zum Tod und darüber hinaus.

Wenn wir Kindern diese »froh machende Nachricht« erzählen wollen, müssen wir die einzelnen Geschichten, jede für sich, betrachten, entfalten und vertiefen und dabei den roten Faden des Markusevangeliums bedenken.

Die Kinder können Jesus in den Geschichten kennen lernen und »prüfen«, ob sie ihm und seiner Botschaft vertrauen wollen.
Es werden viele Erfahrungen und Situationen aus dem Leben der Kinder angesprochen, wie z. B. klein und verunsichert zu sein, Angst zu haben vor Krankheit und Dunkelheit, alleingelassen zu werden …
Daran knüpft diese Reihe an und gibt befreiende und hoffnungsvolle Antworten.

Liturgische Gestaltung

Zusammenkommen – sich Gott zuwenden

Aus: Rheinischer Verband für Kindergottesdienst (Hg.): Kindergottesdienst-Agende »Lob sei dir. Sich freuen und traurig sein«, Saarbrücken 1983, S. 34

Das Lied eignet sich gut als Begrüßungslied und könnte auch als Kehrvers für den Psalm gesungen werden. Der Kehrvers wird von allen gesprochen. Den anderen Text kann man auf zwei Gruppen verteilen. Dieser Text beschreibt schön die Ganzheitlichkeit des Heils Gottes, die uns in Jesus begegnet.

Nach Psalm 103 – Du meinst es gut mit mir

1. Gruppe: Auch wenn ich was falsch gemacht habe:
Du bist nicht nachtragend,
sondern hast Geduld mit mir und nimmst mich auf.

2. Gruppe: Auch wenn Du Dich über mich geärgert hast:
Du zahlst es mir nicht heim,
sondern hast mich trotzdem lieb. Darum sage ich:

Kehrvers/alle: Danke, Gott, Du meinst es gut mit mir.
Du lässt mich nicht draußen steh'n.
Deine Türen sind weit offen.

1. Gruppe: Wie der Himmel die Erde umhüllt,
so umgibst Du mich liebevoll.

2. Gruppe: So weit der Morgen vom Abend weg ist,
so weit weg wirfst Du, was ich falsch gemacht habe,
so dass es mich nicht mehr bedrückt. Darum sage ich:

Kehrvers/alle

1. Gruppe: Wie liebe Menschen sich in die Arme schließen
und aller Streit, aller Zorn und Zank vergessen sind,
so machst Du auch alles wieder gut.

2. Gruppe: Die bösen Blicke werden wieder sanft,
mein ängstlicher Mund kann wieder lachen,
ich fühle mich wieder gut. Darum sage ich:

Kehrvers/alle

Klaus Bastian
Aus: »Halleluja, Gott, ich freue mich«, Heft Nr. 8, Beratungsstelle für Gestaltung, Frankfurt 1996

Hören – Antworten

Das Lied kann zwei bis drei Mal gesungen und dann am Schluss gesummt werden und bringt die Kinder schön zur Ruhe, damit sie den folgenden Geschichten gut zuhören können.

Text: Wolfgang Longardt, aus: Katechische Spielmappe, © Verlag Ernst Kaufmann, Lahr/Schw.
Melodie: Andreas Hantke, aus: A. Ebert (Hg.): Das Kindergesangbuch, © Claudius Verlag, München

Sendung – Segen

Zu dem Segen stehen alle im Kreis. Mit der linken Hand stärken wir der Nachbarin/dem Nachbarn den Rücken. Die rechte Hand halten wir offen in den Kreis, um den Segen zu empfangen.
Gottes Macht erhalte dich aufrecht.
Gottes Auge schaue auf dich.
Gottes Ohr höre dich.
Gottes Wort spreche durch dich.
Gottes Hand schütze dich.
So segne dich Gott, Vater, Sohn und Heiliger Geist. Amen.

Kurzgeschichte

Ein Erzählvorschlag mit Egli-Figuren – zu Markus 1,1 + 9–11

Es hat sich in den Dörfern und Städten herumgesprochen. In der Wüste zwischen Jerusalem und dem Jordan lebt ein sonderbarer Mann. Er lebt schon seit Jahren dort. Er lebt in der Wüste, um Gott ganz nah zu sein und nur auf Gottes Wort zu hören.
Er lebt von dem, was die Wüste ihm zum Leben gibt.
Einige sagen: »Er ist ein Prophet, den Gott geschickt hat. Gott hat ihm einen Weg gezeigt, den er den Menschen predigen soll.« Johannes heißt der Mann.
Und das, was er predigt, lässt die Menschen überall im Land aufhorchen!
»Gott wird bald sein Reich unter uns Menschen aufrichten!«
Diese Botschaft bringt neue Hoffnung in das Herz der Menschen. Vielleicht ist manche Not bald zu Ende? Vielleicht werden

endlich die Römer aus dem Land gejagt? Vielleicht beginnt jetzt eine bessere Zeit?
Mit diesen Hoffnungen verlassen die Menschen ihre Häuser und machen sich auf den Weg zum Jordan. Viele nehmen den beschwerlichen Weg auf sich: Alte und Junge, Männer, Frauen und auch Kinder.
Wenn sie am Ufer des Jordan ankommen, sind sie überrascht.
So haben sie sich den neuen Propheten nicht vorgestellt. Wild sieht er aus: lange Haare, braun gebrannt, ein Gewand aus Kamelhaar und einen Gürtel aus Leder trägt er.
Doch wenn er zu ihnen spricht, zieht er alle in seinen Bann. Alle sind still und hören ihm zu.
»Ihr Menschen, ich weiß, warum ihr gekommen seid. In euren Gesichtern kann ich es erkennen. Euch geht es schlecht. Eure Herzen sind dunkel. Das Leben macht euch keine Freude mehr.
Doch sind die Römer daran schuld? Sind es nicht andere Dinge, die euer Herz verdunkeln?«
»Ihr seid selbst schuld an der Dunkelheit in euren Herzen. In euren Herzen fehlt die Liebe. Jeder denkt nur an sich. Ihr seid neidisch auf die anderen. Alles wollt ihr für euch haben und den anderen gönnt ihr nichts.
So geht es nicht weiter. Ihr müsst euch ändern. Kehrt um! Gott will mitten unter uns sein Reich aufrichten. Sucht das Leben mit Gott – kommt zu mir. Lasst euch als Zeichen eurer Umkehr taufen!«
Die Menschen gehen mit Johannes hinunter in den Fluss. Er taucht sie im Jordan unter und spricht: »Alles, was dunkel, was falsch und schlecht in euch ist, wird weggespült. So wie das Wasser euch äußerlich reinigt, so sollt ihr auch im Inneren rein sein. Als neue Menschen taucht ihr wieder auf.«
Einige Menschen sagen: »Das ist der Messias, auf den wir schon so lange warten!«
Doch Johannes widerspricht ihnen: »Ich bin nicht der Messias. Ich bereite ihm den Weg. Ich taufe euch mit Wasser, doch er wird euch in die Liebe Gottes eintauchen.«
Viele Menschen kommen Tag für Tag zu Johannes an den Jordan.
Eines Tages kommt auch Jesus zu Johannes. Er geht mit vielen anderen hinunter zu dem Fluss, um sich taufen zu lassen.
Als Jesus Johannes gegenübersteht, erkennt er ihn nicht und tauft ihn wie all die anderen Menschen auch. Er legt Jesus seine Hand auf den Kopf und taucht ihn in das Wasser.
Als Jesus wieder auftaucht, da ist es so, als sei er nicht mehr allein. Da sind nicht nur Johannes und die Menschen. Da ist Gott bei ihm!
Gott ist so nahe wie die Sonne, die durch die Wolken durchbricht. Der Himmel ist offen. Und Gott kommt zu Jesus. Wie eine Taube vom Himmel herabfliegt, so kommt Gottes Geist zu Jesus. Gott und Jesus gehören zueinander.
Er hört eine Stimme vom Himmel her: »Du bist mein geliebter Sohn, an welchem ich Wohlgefallen habe.« Er hat gespürt, wie der Geist Gottes in sein Herz gekommen ist, sanft und doch gewaltig und alles verändernd. Jetzt weiß Jesus, dass Gott für immer bei ihm ist.

Alle anderen Menschen am Jordan haben davon nichts gesehen und gehört. Nur Jesus hat es in dieser Stunde erfahren.

Ein Erzählvorschlag mit Egli-Figuren – zu Markus 4,35–41

»Du, Großvater, das war ein guter Fang heute, nicht wahr? Wir haben echt viele Fische gefangen.«
»Ja, Jonas, du hast Recht, das war ein guter Fang heute. Und du hast auch Fortschritte gemacht. Ich habe mich richtig gefreut, dass du schon so gut mit Boot, Ruder und Segel umgehen kannst. Die Knoten gehen dir leicht von der Hand. Du hast wirklich viel gelernt, ich bin richtig stolz auf dich!«
»Das hast alles du mir beigebracht, Großvater, es macht mir doch so viel Spaß, mit dir hinauszufahren.«
»Du, sag mal, Jonas, hast du nicht ein kleines bisschen Angst, wenn wir so im Dunkeln hinausfahren auf den See zum Fischen?«
»Na ja, Großvater, so ein bisschen schon, aber weißt du, es ist so aufregend und ich freue mich ja mit dir hinauszufahren. Dann vergesse ich die Angst schnell wieder. Du, Großvater, hast du eigentlich nie Angst?«
»Na ja, früher, als ich jünger war, da hatte ich auch manchmal so ein seltsames Gefühl in der Magengegend, wenn die Wellen ein bisschen größer waren, wenn der Wind ein wenig stürmischer war und das Boot schlingerte, aber so mit der Zeit habe ich gelernt, wie man mit Ruder, Segel und allem umgehen kann und da wusste ich schon die Bewegung des Bootes im Voraus. Als ich dann groß war, da hat es mir nichts mehr ausgemacht. Ich bin ja schließlich Fischer, mein Leben lang.«
»Großvater, heißt das, wenn ich groß bin, dann habe ich keine Angst mehr?«
»Nein, das stimmt nicht. Die Angst ist nie ganz weg. Ich muss immer wieder an einen Abend, an eine Nacht denken, da hatte ich riesengroße Angst. Ich war nicht alleine, wir hatten alle riesengroße Angst, obwohl wir schon gestandene Fischer und große Männer waren.«
»Erzählst du mir die Geschichte, Großvater?«
»Ja natürlich. Es war so ein Abend wie heute, den ganzen Tag waren wir mit Jesus am Ufer gewesen und haben mit ihm diskutiert. Er hat uns von Gott, seinem Vater erzählt und wir haben mit ihm darüber geredet. Wir haben gespürt, dass das, was er sagt, auch stimmt – dass uns Gott ganz nahe ist.
Und es hatte sich auch herumgesprochen, dass Jesus am See war. Ganz viele Leute kamen zum Ufer und wollten Jesus nahe sein, wollten ihn sehen, wollten ihn auch

berühren. Sie hatten schon so viel von ihm gehört. Einige brachten sogar Kranke, die er heilen sollte. Und es gab auch die, die sich mit ihm stritten und ihn heftig kritisierten.
So haben wir den ganzen Tag verbracht. Es war schön, doch ich merkte dann, dass Jesus immer öfter zum anderen Ufer hinüberschaute. Da zwinkerte ich meinem Bruder zu und machte ihm ein Zeichen mit dem Kopf, dass wir uns auf den Weg machen sollten. Er ging dann schon mal zum Boot und machte alles für die Abfahrt bereit. Ich sagte den anderen Freunden, dass wir bald losfahren wollten. Aber es dauerte noch einige Zeit, bis wir loskamen. Immer wieder kamen noch Leute und hatten Bitten und Fragen.
Aber dann war es so weit. Endlich konnten wir hinausfahren auf den See. Im Bug hatten wir noch eine Decke gelegt, damit Jesus sich nach diesem anstrengenden Tag ausruhen konnte. Wir anderen wussten, was wir zu tun hatten: abstoßen, Segel hissen, ein paar Ruderschläge und dann segelten wir schon auf den See hinaus.
Wir hingen unseren Gedanken nach, wie schön der Tag mit Jesus war, und wie gut es war, Gott so nahe zu wissen.
Auf einmal spürten wir einen scharfen, kalten Windzug im Nacken. Alle wussten, was das bedeutet. Wir sprangen auf. Zwei gingen zum Ruder, zwei andere noch zum Segel. Wir mussten es einholen, denn ein Sturm zog auf.
Kaum waren wir dabei, fing es furchtbar an zu stürmen, die Wellen wurden immer höher und wir hatten große Mühe, das Segel zu bändigen. Mit zwei Leuten konnten wir gerade noch das Ruder festhalten.
Der Sturm wurde immer heftiger. Die Wellen warfen unser Boot hoch und runter. Wir mussten uns an der Bordkante festklammern, um nicht über Bord zu fallen. Welle für Welle wurde unser Boot so richtig durchgeschüttelt.
Einmal schauten wir kurz, was Jesus machte, aber er lag immer noch im Bug und schlief.
Da schrie einer durch den Sturm: »Du, Jesus, hilf uns! Wir kommen um.«
Was er noch gerufen hat, weiß ich nicht, seine Worte sind vom Sturm verschluckt worden. Aber nichts geschah, wir mussten weiter um unser Leben kämpfen und aufpassen, dass wir nicht über Bord gingen. Netze, Seile und andere Sachen hatten wir teilweise schon verloren.
Nach einiger Zeit stand Jesus auf. Er stellte sich gerade hin. Er brauchte sich nicht einmal festzuhalten. Er schaute uns ärgerlich an und sagte: »Was habt ihr denn für Angst, wie klein ist euer Glauben!«
Wir konnten es nicht glauben, wir hatten Angst um unser Leben und er machte uns Vorwürfe!
Doch dann streckte er die Hand aus und sagte mit lauter, fester Stimme durch den tosenden Orkan: »Still! Gebt Ruhe!« – Wen meinte er?
Und dann geschah etwas, was wir nicht fassen konnten, was wir trotz aller Erfahrungen als Fischer überhaupt nicht erklären konnten. So wie der Sturm gekommen war, so überraschend legte er sich von einem Moment auf den anderen.
Der Wind ließ nach, die Wellen wurden kleiner, langsam schaukelte das Schiff und das Wasser kam zur Ruhe. Geschafft! Wir hatten es überlebt!

Sprachlos guckten wir einander an und konnten es nicht verstehen: Was ist das für ein Mensch, dass sogar Wind und Wellen ihm gehorchen.
Da ahnten wir, dass Gott uns auch hier ganz nahe gewesen ist. Wir setzten uns ans Ruder, die Segel ließen wir unten und ruderten den Rest der Strecke ans Ufer.
Weißt du, Jonas, seitdem, seit dieser Nacht habe ich keine Angst mehr. Ich glaube fest daran, dass Gott immer bei uns ist, dass wir nie allein sind.
Aber jetzt ist genug erzählt. Wir müssen nun den Rest aufräumen und unseren Korb mit den Fischen nehmen. Großmutter wartet bestimmt schon, weichen Fang wir mit nach Hause bringen.«

Kreative Ideen

Identifikationsspiel zur Jüngerberufung

Ich lade euch zu einem kleinen Experiment/Spiel ein, das uns auf die heutige Geschichte einstimmen kann. Mögt ihr mitmachen? Wir setzen uns am besten in einem Kreis.
(Wo die Möglichkeit besteht, könnten wir das auch zu einem Stegreifspiel ausgestalten: Farbige Tücher für Kopf und Schultern lassen uns in die Rollen hineinschlüpfen. Wir reden über Fischfang und Wetter, kaufen hier und da etwas, leben uns ein in den Alltag einer kleinen Stadt.)
Wir sind jetzt alle in Kapernaum: Wir sitzen auf dem Platz vor dem Stadttor zusammen, wir Fischer und Handwerker, all wir Leute, die dort wohnen.
Plötzlich kommt einer und erzählt eine aufregende Neuigkeit: »Petrus und Andreas und auch Johannes und Jakobus sind fortgegangen!« (*Sie können sich auch auf ein Geschwisterpaar konzentrieren! Eine Mitarbeitende, die eingeweiht ist, beginnt zu erzählen.*)
»He, habt ihr nicht gehört!? Das ist doch eine merkwürdige Geschichte mit Andreas und Simon! Auch von Johannes und Jakobus erzählt man sich dasselbe. Könnt ihr euch denken, warum die alle fortgegangen sind?« »Was? Ihr habt noch gar nichts davon gehört?«
(Lassen Sie den Kindern ein wenig Zeit, damit sich ein Gespräch entwickelt. Versuchen Sie evtl. auch mit Fragen andere Meinungen hervorzulocken.)
»Das mag ja alles stimmen. Aber überlegt bloß mal, was das für sie bedeutet; was lassen sie hier nicht alles zurück!«
(Wieder regen Sie zum Gespräch an, wenden Sie sich dabei einfach an dieses oder jenes

Kind und reden es an mit einem »Beruf« oder einem »Namen«, wenn das Gespräch zu versiegen droht. Erschöpfen sich die Kinder in Äußerlichkeiten, dann lassen Sie auch Menschen »auftreten«, die ihnen eventuell nahestanden: Familienangehörige, Freunde. Zuletzt lenken sie das Gespräch auf einen Schlusspunkt.)
»Die beiden haben uns überhaupt nicht um unsere Meinung gefragt, als sie gingen. Aber wenn sie das getan hätten – was sollen wir ihnen dann raten?«
(Anmerkung: Es geht bei alledem nicht um eine historische Rekonstruktion, es schadet nichts, es ist nur gut, wenn die Kinder ihre eigene Situation in dieses Gesprächsspiel mit hineinbringen.)

Eine Variation für die, denen dieses Spiel zu schwierig scheint: Wir versuchen, das Hin- und Hergerissensein nachzuempfinden, in das ein Mensch geraten kann, der so wie Andreas oder Petrus aus seinem bisherigen Leben herausgerufen wird.
Dazu bilden wir zwei Gruppen. Jede Gruppe erhält ein großes Plakat und eine Überschrift. Die Überschriften lauten: 1. »Du darfst nicht weggehen, denn ...« und 2. »Du musst weggehen, denn ...« Die Kinder schreiben alles auf, was ihnen dazu jeweils einfällt. Zum Schluss treten die beiden Gruppen einander gegenüber und lesen im Wechsel ihre Argumente vor.

Körpererfahrung zur Heilung des Gelähmten

Diese Übung kann ich mir gut als Einstimmung vor der Erzählung vorstellen. Nachfolgend schreibe ich eine skizzenhafte Anleitung, die von dem/der Mitarbeitenden auf ihre Sprache angepasst werden sollte.
Nach den Ansagen immer etwas Zeit lassen, dass die Kinder auch spielen können.
Die Gruppe beobachten und notfalls *korrigierende Ansagen machen.*

Ich lade euch zu einem kleinen Experiment/Spiel ein, das uns auf die heutige Geschichte einstimmen kann. Mögt ihr mitmachen?
Geht langsam durch den Raum, jede/r für sich in dem ihr/ihm eigenen Art und Tempo.
Weicht euch dabei aus, berührt euch nicht dabei.
Nun geht ganz langsam, ihr habt viel Zeit ...
Nun geht ihr schneller, ihr habt es ganz eilig ... Passt auf, dass ihr euch nicht umlauft!
Jetzt habt ihr etwas schwer zu tragen: Ihr knickt bei jedem Schritt mit dem Knie etwas ein ...
Jetzt stolziert ihr wie ein Storch im Teich ... – Ihr watschelt wie eine Ente ...
Und jetzt hüpft mit geschlossenen Beinen ... Passt immer noch auf, dass ihr euch nicht berührt!
Geht jetzt wieder ganz normal – bleibt stehen und schüttelt das eine Bein und das andere Bein aus. Lasst eure Arme schwingen wie ein Uhrpendel, hin und her ... schüt-

telt die Handgelenke aus ... reckt und streckt euch, so dass es euch gut damit geht.
Ihr geht wieder im Kreis umher. Es ist schön, dass ihr eure Füße und Beine, eure Arme und Hände gebrauchen könnt.
Aber plötzlich wird das eine Bein ganz schwer, es lässt sich nicht mehr im Knie einknicken, es ist wie steif. Ihr müsst humpeln mit dem ›steifen Bein‹ ... jetzt wird auch das andere Knie steif, die Beine sind wie zwei Stöcke ... Ihr könnt nur noch ganz kleine Schritte machen. Es fällt euch schwer, die Beine anzuheben, um über etwas hinwegzusteigen ...
Bleibt bitte stehen und schließt die Augen und stellt euch vor: Ihr seid jetzt ganz steif, ihr könnt eure Beine nicht mehr bewegen.
Denkt einmal darüber nach: Wenn das wirklich so wäre, was könntet ihr jetzt alles nicht mehr tun? ... Wie würde es euch dabei gehen? Macht es euch traurig, wütend oder ...?
Verabschiedet euch von den Gedanken und Bildern. Hört wieder auf die Geräusche neben euch im Raum. Macht eure Augen wieder auf, schüttelt die Beine, lockert euch, so wie es wichtig ist und euch gut tut. Alles Steife ist wieder weg!
Wie schön, dass ihr euch so bewegen könnt. Gott sei Dank, dass ihr gesund seid.
Ein kurzes Gespräch im Kreis mit den Kindern, wie sie sich bei dem Experiment gefühlt und was sie dabei gedacht haben, schließt die Übungen ab.
Alternativ könnte auch ein Lied mit Bewegungen gesungen/bewegt werden. Mein Vorschlag: »Das Flummilied«, Nr. 49 oder »Kopf und Schultern ...«, Nr. 47; in »Das Liederheft – Kirche mit Kindern«, Kimmik-Praxisheft 36.

Stichworte
Johannes der Täufer, Jesus Christus, Menschenfischer, Heilung, Sturmstillung

Uwe Huchthausen

Der Sündenbock – wohin mit der Schuld?

31.01.2010
(Septuagesimae)
In die Wüste geschickt: der Sündenbock
(3 Mose 16,20–22–[29–34])

07.02.2010
(Sexagesimae)
Der werfe den ersten Stein
(Johannes 8,1–11)

14.02.2010
(Estomihi)
Siehe, das ist Gottes Lamm!
(Johannes 1,29–34)

Schuld ist ein Kreislauf, in den alle Menschen unlösbar eingebunden sind. Jeder Mensch lädt bewusst oder unbewusst Schuld auf sich, wird schuldig am Mitmenschen, am Mitgeschöpf oder Gott gegenüber. Wir verschulden uns, aber es fällt uns schwer, unsere Schuld zuzugeben, weil wir Konsequenzen fürchten. Uns fehlt der Mut, offen zu unserer Schuld zu stehen, weil sie uns peinlich ist. Viel leichter ist es die eigene Schuld auf einen anderen abzuwälzen, einen Sündenbock zu suchen und ihm die Schuld in die Schuhe zu schieben (3 Mose 16,20–22(29–34). Darüber hinaus sind wir in Schuldzusammenhänge verstrickt. Wir müssen uns bewusst werden: Wenn wir mit einem Finger auf einen anderen zeigen, zeigen drei Finger auf uns selbst zurück. (Johannes 8,1–11). Selbst können wir uns aus der Schuldfalle nicht befreien. Selbst können wir mit den Mitmenschen, dem Mitgeschöpf und Gott nicht neu anfangen. Selbst können wir uns nicht entschuldigen. Wir müssen entschuldigt werden. Jesus entschuldigt uns. Er macht sich zum Sündenbock für unsere Schuld. Er nimmt unsere Schuld am Kreuz von Golgatha auf sich. Er durchbricht den Kreislauf der Schuld, löst uns heraus und gibt uns die Chance neu zu beginnen (Johannes 1,29–34). Jesus entschuldigt uns, wenn wir ihn darum bitten. Wir sind entschuldigt, darum können wir der eigenen Schuld in die Augen sehen und zu ihr stehen. Wir sind entschuldigt, darum können wir selbst Vergebung wagen.

Liturgische Gestaltung

Zusammenkommen – sich Gott zuwenden

Sündenbekenntnis

In der Mitte des Stuhlkreises oder auf dem Abendmahlstisch steht an jedem Sonntag der Reihe eine leere Schale. Die Kinder bekommen einen Briefumschlag mit ihrem Namen darauf und ein Blatt Papier. Sie werden gebeten die vergangene Woche Revue passieren zu lassen und aufzuschreiben, wo sie selbst schuldig geworden sind. Wer noch nicht schreiben kann, macht eigene Zeichen. Das Papier wird in den Umschlag gesteckt, der zugeklebt wird.

Die Kinder werden zum Gebet eingeladen.
Guter Gott, vieles, was wir in der letzten Woche gesagt und getan haben, war nicht richtig. Das möchten wir Dir jetzt bringen.
(Die Kinder legen nacheinander ihre Briefumschläge in die Schale. Dabei wird gesungen: So wie ich bin, komme ich zu Dir. So wie wir sind kommen wir zu Dir. [siehe Seite 9])
Guter Gott, wir vertrauen darauf, dass Du uns vergibst, wo wir schuldig geworden sind, damit wir mit Dir und den Menschen neu beginnen können.
Amen!
(Die Briefumschläge werden nach dem Kindergottesdienst von den Mitarbeitenden aus der Schale genommen und aufbewahrt. Weiter siehe »Kreative Ideen«, Seite 20).

Kurzgeschichte

Das soll er büßen

»Jetzt reicht's. Das sage ich Papa!«, sagt Luca aufgeregt. »Was hat er denn nun schon wieder gemacht?«, fragt Laura, seine Zwillingsschwester. »Ich wollte an meinem Schal weiterstricken.« »Ja, und?« »Ich schau in die Tüte, aber da ist kein Strickzeug mehr drin, nur noch ein Haufen Wolle.« Luca hält Laura die zerknüllte Wolle hin. »Da, sieh selbst. Unser Bruderherz hat mir den ganzen Schal aufgezogen.« »Aber den musst du doch nächste Woche Frau Bauer zeigen«, sagt Laura. »Eben, es gibt nämlich Noten. Jetzt weiß ich nicht mehr, wie ich den Schal noch fertig bekommen soll. Jetzt krieg ich bestimmt eine Sechs.« »Mir hat David in der letzten Woche eine Seite aus meinem Englischbuch gerissen und einen Papierflieger daraus gefaltet!«, sagt Laura. »Ich weiß, du warst ganz schön fertig, weil der Schmitz so mit dir geschimpft hat. Komm, wir gehen jetzt zu Papa. Er soll dem Kleinen mal eine Abreibung verpassen.« Luca und Laura gehen in Davids Kinderzimmer und zerren ihren kleinen Bruder vom Boden hoch, wo er mit seiner Ritterburg gespielt hat. David schreit. Er wehrt sich mit Händen und Füßen. Die Zwillinge schleifen David zu Papa, der im Wohnzimmer sitzt und Zeitung liest. Sie schubsen David direkt vor den Sessel, in dem Papa sitzt. »Was ist los?«, fragt Papa und sieht den weinenden David an. »Der da!«, sagt Luca und zeigt auf David, »hat mir den Schal aufgezogen. Jetzt kriege ich eine Sechs.« »Der da!«, sagt Laura und zeigt ebenfalls auf den kleinen Bruder, »hat mir eine Seite aus meinem Englischbuch gerissen. Ich habe schrecklichen Ärger bekommen.« Papa sagt erstmal nichts. Er schaut die drei Kinder nur an. Dann sagt er zu Luca: »Weißt du noch, wie du Mama den Futterstoff zerschnitten hast, weil du die scharfe

Schere mal ausprobieren wolltest?« Luca schluckt und wird rot. Papa sieht Laura an und sagt: »Kannst du dich daran erinnern, wie du meinen großen Bildband über Südafrika mit deinen Wachsmalstiften angemalt hast?« Laura überlegt, dann färbt sich auch ihr Gesicht rot. Luca und Laura blicken sich beschämt an und gehen nachdenklich in ihre Zimmer. Nur David steht noch vor Papa. Papa sagt zu ihm: »Mach's nicht noch mal.«

Anke Schäfer

Kreative Ideen

Wer hat den Keks aus der Dose geklaut?

Das Spiel macht auf spielerische Art und Weise deutlich, wie Schuld vom einen auf den anderen verschoben wird. Das Kind, dessen Name zuletzt genannt wird, muss zwangsläufig den Keks aus der Dose geklaut haben.

Spielverlauf
Alle sitzen im Kreis, klatschen abwechselnd auf die Oberschenkel und in die Hände. Der Keksklauer wird genannt. Er benennt einen neuen Keksklauer.
Klatschvers: Wer hat den Keks aus der Dose geklaut? – N.N. – N.N. hat den Keks aus der Dose geklaut. – Wer, ich? – Ja, du. – Niemals. – Wer dann? – N.N. – N.N. hat den Keks aus der Dose geklaut. – Wer, ich? ...

Verbrennung der Briefumschläge
Das Verbrennen der Briefumschläge am Ende der Reihe kann den Kindern sehr eindrücklichvor Augen führen, dass ihre Schuld bei Gott ein für alle Mal vergeben ist.

Durchführung
Draußen vor der Kirche oder dem Kindergottesdienstraum wird ein Holzkohlengrill angeheizt. Nach der Geschichte versammeln sich alle Gruppen um den Grill. Jedes Kind bekommt seine Briefumschläge ausgehändigt und darf sie ins Feuer werfen. Eine andere Möglichkeit wäre, dass ein Erwachsener alle Briefumschläge gleichzeitig ins Feuer wirft.

Stichworte
Schuld, Entschuldigung, Sündenbekenntnis

Anke Schäfer

Jesus setzt Zeichen

21.02.2010
(Invokavit)
Jesus sitzt zu Tisch mit Zöllnern und Sündern
(Markus 2,13–17)

28.02.2010
(Reminiscere)
Jesus heilt an einem Sabbat
(Markus 3,1–6)

07.03.2010
(Okuli)
Jesus wirft Händler und Wechsler aus dem Tempel
(Markus 11,15–19)

Zeichen setzen – das heißt doch auch, eine Richtung vorgeben oder Wegweiser sein. Dafür müssen oft Hindernisse aus dem Weg geräumt werden. Grenzen müssen überschritten werden, um Zeichen setzen zu können. Mut, Kreativität, Beharrlichkeit und Vertrauen sind gefordert!

Andererseits machen alle die Erfahrung, dass eine Gemeinschaft nach bestimmten Regeln und Prinzipien funktioniert. Doch manchmal werden einzelne Menschen durch derartige Regeln und Prinzipien verletzt oder benachteiligt, weil bei vielen Handlungen nicht darüber nachgedacht wird, was eine gute Gemeinschaft wirklich ausmacht.

Jesus setzt klare Zeichen seiner Botschaft. Mit Worten und Taten wehrt er sich gegen die strenge gesetzliche Auslegung der Tora (der fünf Bücher Mose). Es geht ihm um eine Art »menschliche Ausnahme der Regel«. Jesus will die Gesetze nicht abschaffen, sondern erfüllen – sofern sie den Menschen dienen. Dadurch kommt es unweigerlich zu Konflikten mit den Pharisäern und Schriftgelehrten, die in allen Texten dieser Einheit auftauchen.

Der Evangelist Markus will nicht die Schriftgelehrten und Pharisäer bloßstellen, sondern das Befreiende der Botschaft Jesu aufzeigen.

Jesus ist bei Markus der, ...

... der eine besondere Beziehung zu Gott hat.
... der sich für das Leben einsetzt.
... der Grenzen überschreitet.
... der damit Zeichen setzt!

Liturgische Gestaltung

Zusammenkommen – sich Gott zuwenden

Wir brauchen unsere Sinne zum Zeichensetzen. Bei dem Psalmgebet nach Psalm 67 wird gehört, gesungen, gesehen …

Gib uns Ohren, die hören

Alle stehen im Kreis.
Die Hände werden hinter die Ohren gelegt.

Die Hände werden vor die Augen gehalten.

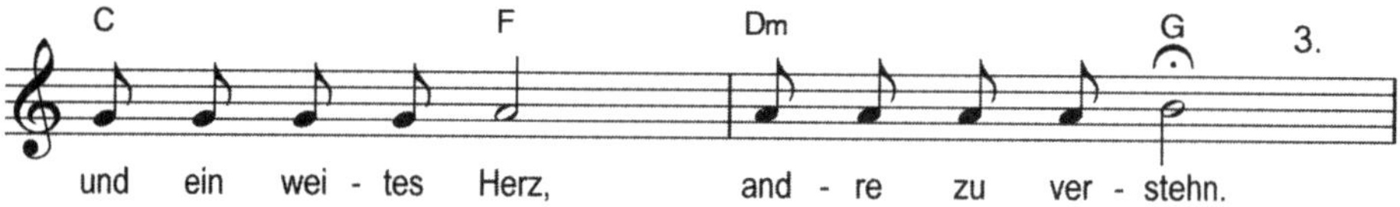

Der Nachbar rechts und dann links wird angeschaut.

Alle gehen im Kreis.

Text und Kanon für drei Stimmen von Bernd Schlaudt, © beim Autor

Lass Dein Licht bei uns scheinen,
damit wir Wege finden,
um allen Menschen auf der Erde
von Deinem Heil zu berichten.

Kehrvers

Alle Menschen sollen Dich loben,
alle Völker müssen Dich einfach loben.
Fröhlich sein und freuen sollen sich alle,
weil Du gerecht zu ihnen bist.

Kehrvers
Alle Menschen müssen Dir danken,
alle Völker sollen Dir danken.
Die Gaben können alle sättigen, weil Du es so willst.

Kehrvers (als Kanon).

Sendung – Segen

Wir bilden einen Kreis und reichen uns die Hände.

Gott stärke dich,	*Hände der Nachbarn drücken.*
wenn du in die neue Woche gehst.	
Gott richte dich auf,	*Hände der Nachbarn anheben.*
wenn du dich einsam fühlst.	
Gott beschütze dich, wenn du dich auf neue Wege begibst.	*Hände auf die Schultern der Nachbarn legen.*

Gott segne dich
bei allem,
was du tust,
und bei allem,
was dir begegnet.

Amen.

Kurzgeschichte

Dürfen wir das denn?

Philipp und sein Freund Daniel kamen aus der Schule. Es war der letzte Tag vor den Sommerferien. Die Jungen trödelten ein wenig, denn sie hatten sich noch viel zu erzählen.
»Du, schau mal!« Daniel tippte Philipp an. »Ist das nicht deine kleine Schwester?«
Philipp traute seinen Augen nicht. Da lag doch Sabine auf dem Boden, mitten in der Matsche und guckte den Abhang hinunter. Sie brüllte irgendetwas. Typisch!
Die Jungen waren noch zu weit weg, so dass sie nicht alles verstehen konnten.
»... bloß keine Angst ... – ... nun komm schon ... – ... helfe dir ...«
Die Jungen waren ein wenig neugierig, so gingen sie auch in die Richtung des alten Bahndammes. Der Boden war so aufgeweicht, dass es sich unter ihren Füßen richtig wabbelig anfühlte. Und Sabine sah vielleicht aus! Wie ein richtiges Ferkel! Philipp war das ein bisschen peinlich.
»Was machst denn du schon wieder für einen Quatsch? Mensch Sabine, wenn dich so Mama und Papa sehen!«
»Macht nichts! Ich muss schließlich Tino helfen«, antwortete Sabine trotzig.
Philipp kannte keinen Tino. Er beugte sich ein wenig vor, weil er sehen wollte, wer denn da unten am Abhang stand. Außer einem großen Loch sah Philipp nichts.
Doch, da in der Ecke stand ein kleiner schwarzer Hund und schaute nach oben. »Ist das da Tino?« Philipp zeigte auf den Hund. Der Hund winselte.
»Ja, das ist Tino. Er ist der neue Hund von Herrn Koch. Tino kann nicht allein hier mehr rauskommen. Ich muss, nein, wir müssen ihm einfach helfen!«
Daniel verstand nicht viel: Koch – Tino – Hund ...? Philipp erzählte ihm, dass Herr Koch, ein alter Mann aus der Nachbarschaft, sehr allein sei. Seine Frau war vor einiger Zeit gestorben. Und nun hatte er einen kleinen Hund, eben Tino.
Die Kinder überlegten, wie sie Tino heraushelfen könnten. Heruntersteigen, das ging nicht. Der Abhang war zu steil und der Boden zu aufgeweicht.
Plötzlich lief Sabine in Richtung der Gärten am Bahndamm: »Los, kommt mit!« Die Jungen folgten ihr zögerlich. Sabine blieb vor einem Gartentor stehen und sprach den Mann, der dort Unkraut hackte, an: »Können Sie uns bitte helfen, einen kleinen Hund zu retten?«
Der Mann blickte auf: »Einen Hund? Nein, ich habe keine Zeit. Streunende Hunde gibt es genug. Sucht euch jemand anderen.«

Erst wollte Daniel noch etwas sagen, doch dann lief er zum Nachbargarten. Am Zaun lehnte eine lange Holzleiter. »Das könnte gehen ...«, dachte er laut und rief dann zu Philipp: »Los, komm und pack mit an.«
Und schon schleppten die Jungen die Leiter zum alten Bahndamm. Sabine lief hinterher: »Dürfen wir das denn?«
»Eigentlich nicht. Aber, wenn man jemanden helfen muss, dann darf man immer!«, antwortete Philipp.
Die Kinder schoben die Leiter über den Rand nach unten. Sie hatten Glück, denn die Leiter war lang genug und Tino war ein kluger Hund. Er konnte mit Hilfe der Leiter herausklettern.
Der Mann in dem Garten schaute verwundert, als drei Kinder und ein Hund mit einer Leiter zu seinem Nachbargarten gingen und die Leiter über den Zaun hoben. »Das dürft ihr nicht!«, rief er ihnen zu.
»Doch, wenn man jemandem helfen muss, dann darf man immer!«

Doris Dirwald

Kreative Ideen

Zeichen und Grenzen

Jesus setzt klare Zeichen seiner Botschaft. Wir überlegen, wo wir Zeichen setzen können oder sogar müssen. Wie wir Grenzen überwinden können.

Vor dem Altar oder in unserer Mitte steht eine Wanne mit Sand.
In einem Korb liegen Holzstäbe (z. B. Schaschlik-Stäbchen oder dünne Rundhölzer aus dem Baumarkt) und runde oder dreieckige »Verkehrsschilder« aus Tonkarton bereit.
Auf diese Schilder wird geschrieben oder gemalt, wo und wann wir »Zeichen setzen« wollen. Ebenso können die Grenzen, die überwunden werden müssen, aufgezeigt werden.
Die Schilder werden auf den Holzstäben befestigt und in den Sand gesteckt. Dazu wird das Lied »Meine engen Grenzen« gesungen.

Diese Aktion wird in jedem Gottesdienst dieser Reihe fortgeführt.

Meine engen Grenzen

2. Meine ganze Ohnmacht, was mich beugt und lähmt, bringe ich vor Dich.
Wandle sie in Stärke, Herr, erbarme Dich ...

3. Mein verlornes Zutraun, meine Ängstlichkeit bringe ich vor Dich.
Wandle sie in Wärme, Herr, erbarme Dich ...

4. Meine tiefe Sehnsucht nach Geborgenheit bringe ich vor Dich.
Wandle sie in Heimat, Herr, erbarme Dich ...

Text: Eugen Eckert, Melodie: Winfried Heurich

Jünger-Rätsel

Was weißt du noch über die Jünger?
Welche Berufe hatten die Jünger?
Wie heißt Levi später?

P	R	I	J	U	N	I	W	L	M	E	Ä	J	O
J	Ä	V	E	T	B	J	O	H	A	N	N	E	S
A	T	P	L	Z	J	Ä	S	I	T	Q	B	K	D
K	N	E	D	L	A	G	G	J	T	O	M	A	S
O	J	T	Ä	P	K	P	I	S	H	F	L	N	A
B	A	R	T	H	O	L	O	M	Ä	U	S	D	N
U	L	U	Z	I	B	R	J	E	U	B	N	R	Ä
S	H	S	J	L	U	Ä	T	G	S	D	F	E	J
T	Ä	M	C	I	S	H	O	L	J	R	I	A	B
J	K	T	R	P	N	T	A	D	D	Ä	U	S	M
E	P	A	C	P	T	D	A	K	M	O	H	G	E
M	T	S	J	U	D	A	S	U	K	T	A	J	O
L	A	G	R	S	I	M	O	N	B	I	W	S	Z

Gesucht: Die Namen der 12 Jünger Jesu

Suche waagrecht und senkrecht und male die betreffenden Kästchen mit Buntstift aus.

Zeichnung: Doris Westheuser

Aus: Jesusgeschichten – spielen und erzählen, hg. v. D. Steinwede und I. Ryssel, Gütersloher Verlagshaus, Gütersloh 2002, S. 37, © bei der Künstlerin

Stichworte

Gebote, Gesetze, Jünger, Nachfolge, Sonntag, Verbote, Zeichen, Zöllner

Doris Dirwald

stark! Josef von Arimathäa, Petrus, ein römischer Hauptmann und eine unbekannte Frau

14.03.2010
(Lätare)
Die salbende Frau
(Markus 14,3–9)

21.03.2010
(Judika)
Der treue Petrus
(Markus 14,66–72)

28.03.2010
(Palmarum)
Der römische Hauptmann
(Markus 15,20–39)

02.04.2010
(Karfreitag)
Josef von Arimathäa
(Markus 15,42–46)

Die Passionsgeschichte nach Markus zeigt den verborgenen und geheimnisvollen Messias, der nicht auf den ersten Blick erkennbar ist als der Erlöser der Welt und Gottes Sohn. Die Erkenntnis kommt unerwartet und unterschiedlich. Die vier ausgewählten Personen sind »Glaubenszeugen« und je auf ihre Weise durch Wort oder Tat stark.
Der Sonntag »Lätare« wird auch »Klein Ostern« genannt und hat ausnahmsweise die liturgische Farbe Rosa, als ob durch das Violett der Passionszeit schon österliches Licht scheint. So liegt der Schwerpunkt auf der Salbung in Bethanien.

Liturgische Gestaltung

Zusammenkommen – sich Gott zuwenden

Votum
Im Namen Gottes, wir sind seine Geschöpfe,
im Namen Jesu Christi, er litt und lebt für uns,
im Namen des Heiligen Geistes, der uns hilft,
stark zu sein im Glauben an das, was unsere Augen nicht erkennen.
Alle: Amen.
Eine/-r: Unsere Hilfe kommt von Gott,
Alle: der Himmel und Erde gemacht hat.
Eine/-r: Friede sei mit euch.
Alle: Und mit deinem Geist.

Lied: *Komm in unsre Runde* (KiKiHits 36) oder *Lasst uns miteinander* (KiKiHits 2 und öfter; wobei wir uns bei »... singen, loben ...« auf die Schenkel klopfen und bei »... danken dem Herrn.« in die Hände klatschen.

Klage und Lob

Lied: Kyrie, Kyrie (KiKiHits 14) Vor jeder Strophe wird eine Kerze angezündet. Wer einen kleinen siebenarmigen Leuchter hat, kann die darauf befindlichen Kerzen der Reihe nach anzünden. Die einzelnen Strophen – jeweils zwei – können dreimal mit gesprochenen Anliegen unterbrochen werden, die von Passion erzählen.
Anliegen nach der 1. und 2. Strophe: Gott, Du hast Dich für uns in große Gefahr begeben. Du hast Einsamkeit und Zweifel erlebt, damit wir getröstet sind. Du hast dich erbarmt.
Anliegen nach der 3. und 4. Strophe: Gott, Du bist für uns den schweren Weg in die Dunkelheit gegangen. Du hast Leid und Verzweiflung erduldet, damit wir heil werden. Du hast Dich erbarmt.
Anliegen nach der 5. und 6. Strophe: Gott, Du bist nicht ausgewichen vor Schwerem. Du bist den Menschen in Leid nahegekommen und gleich geworden und hast Dich erbarmt.

Sendung – Segen

Fürbittenlied: Wünsche schicken wir wie Sterne

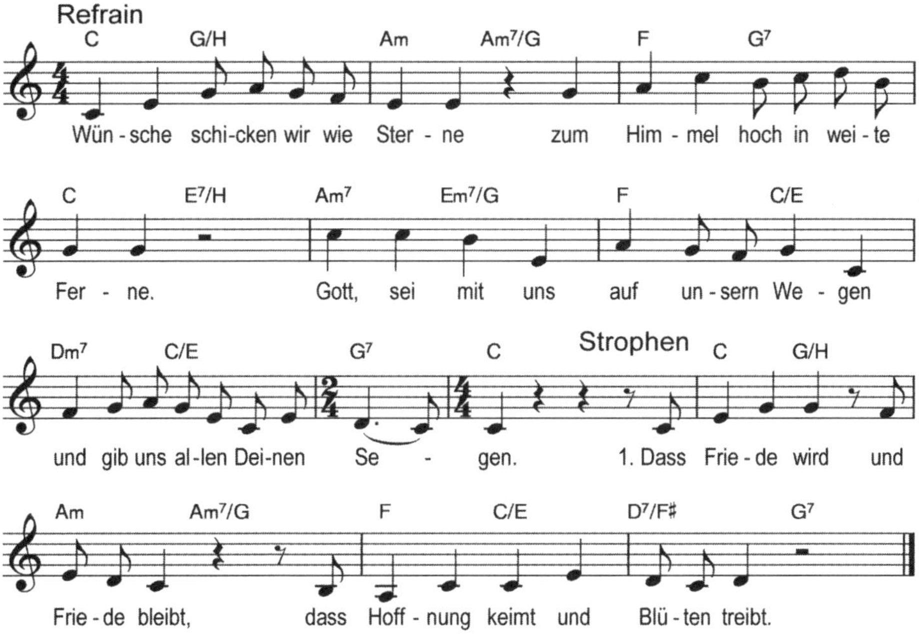

Text: Eckart Bücken, Melodie: Reinhard Horn
Aus: Buch/CD-Paket »Bibel-Hits«,

2. Dass Hilfe kommt und Armut flieht,
dass Freundschaft hält und Mut einzieht.

3. Dass Freude wächst und Zuversicht,
dass Lachen siegt und Schweigen bricht.

Kreative Ideen

Zum Sonntag Laetare

Lied: Hoffen wider alle Hoffnung (KiKiHits 18)

Aus Latten oder Holzstäben wird, möglichst auf rosa Untergrund, ein Stern gelegt (Erinnerung an Weihnacht und die drei Könige), dann ein ovaler Kreis (wir gehen auf Ostern zu), danach ein Kreuz (weitere Ideen sind möglich) und zuletzt ein Haus. Dadurch, dass die Latten mit Loch und Dübel ineinandergesteckt werden, sind sie beweglich und können umgeformt werden (Idee, Ausführung: Bernd Henseler, Gütersloh, mit freundlicher Genehmigung).

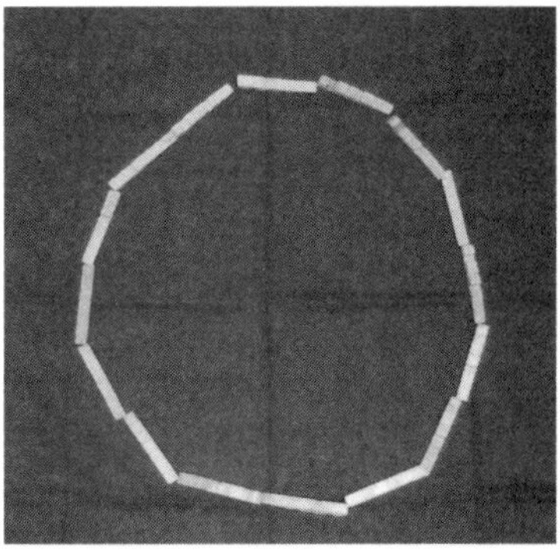

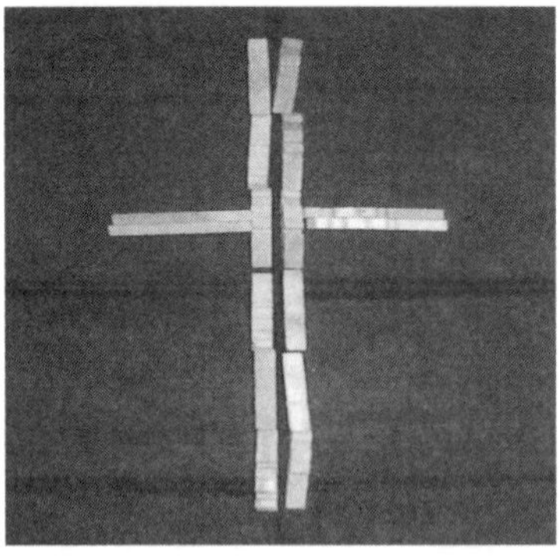

Alle Fotos: Kerstin Othmer-Haake

Dies ist ein Haus, in einem Haus kann man viel tun *(je nach Lattengröße können sich die Kinder abwechselnd in das Haus setzen und etwas tun, was andere erraten sollen, z. B. lesen, Zähne putzen, schlafen, tanzen, essen ...).*
Dies ist ein besonderes Haus. Es steht in Betanien, das ist ein Ort in Israel ganz in der Nähe von Jerusalem. In dem Haus wohnt Simon, er war einmal sehr krank und Jesus hat ihn geheilt. Dafür war er sehr dankbar. Jesus ist bei ihm zu Gast. Simon und noch weitere Freunde und Gäste sitzen mit Jesus zu Tisch (falls vorhanden, kann ein Tisch aus Latten ins Haus gelegt werden). Noch ahnt niemand, welchen schweren Weg Jesus gehen muss. Wir wissen ja bereits, dass er den Tod am Kreuz erlitten hat. Zu dem Zeitpunkt, wo sie zu Tisch sitzen und essen, weiß keiner von Jesu Leiden, die ihm bevorstehen. Nicht mehr lange, dann wird Jesus verraten und verurteilt. Der Friede ist trügerisch. Hinter dem Rücken von Jesus wird bereits Rat gehalten, wie man ihn loswerden könnte.
Mitten in dieses Beisammensein kommt eine Frau. Sie hat in einem kleinen Gefäß ein sehr, sehr teueres, wertvolles Öl. Sie bricht das gläserne Gefäß entzwei und gießt das Öl über Jesu Kopf aus. Langsam und zärtlich reibt sie seine Stirn, die Wangen, das Gesicht damit ein.
Einige Tischgenossen fangen an zu murren. Ob sie eifersüchtig sind? Sie finden die Tat der Frau pure Verschwendung. Man hätte doch das Öl verkaufen und den Erlös dann den Armen schenken können!
Jesus belehrt sie und spricht:
»Lasst die Frau in Frieden! Warum ärgert ihr euch? Was sie tat, hat mir gut getan. Arme wird es immer geben und man muss ihnen helfen, ihr werdet noch viel und oft Gelegenheit haben, den Armen Gutes zu tun. Ich bin aber nur noch kurze Zeit bei euch. Die Frau hat getan, was sie konnte und damit Gutes getan. Sie hat mich gesalbt, wie man Menschen für ihr Begräbnis salbt. An diese Tat wird man sich noch lange erinnern, immer dann, wenn das Evangelium gepredigt wird.
Jesus wusste, dass er bald sterben wird. Er wusste, dass es wichtig ist, sich an die Frau und ihre Salbung zu erinnern.«
Wir erinnern uns heute an die Salbung in Bethanien, an die Frau und an Jesus, der vor seinem Leidensweg stand. Wir tun das heute auch, indem wir eine Fingerkuppe teures, duftendes Öl in unseren Händen verreiben.
Das tut so gut und riecht so lecker ...

Wäre schön, wenn jedes Kind in klein eine Art Kette herstellt oder bekommt (Holzwäscheklammern lochen und mit Draht,- Kordel- oder Wollschlaufen verbinden zu einer Kette), die man dann als Stern, Osterei/Oval, Kreuz und Haus legen kann.

Stichworte
Salbung, Kreuz, Leid, Passion

Kerstin Othmer-Haake

ostern bei Markus

04./05.04.2010
(Ostern)
Vom Entsetzen zum Schweigen
(Markus 16,1–8)

11.04.2010
(Quasimodogeniti)
Unglaubliche Ostern!
(Markus 16,9–13)

18.04.2010
(Misericordias Domini)
Das Grab loslassen und zum Leben zurückfinden
(Markus 16,14–20)

Friedhof und Grab werden verbreitet als Orte der Kälte und Angst erlebt und möglichst aus dem Alltag ausgeblendet. An einem solchen Ort aber spielt Ostern.
Einen Toten besuchen, ansehen, berühren – für viele ist diese Vorstellung heutzutage gruselig, entsetzlich. Mit dem Entsetzen aber beginnt Ostern bei Markus.
Das Thema Tod bedeutet für Kinder und Familien eine Zumutung. Gleichzeitig ist die Frage nach dem Tod zurzeit die prominenteste in der religiösen Erziehung. So ist es aussichtsreich und heilsam, Ostergottesdienste mit Kindern so zu gestalten, dass diese Frage nicht ausgeblendet wird, sondern neue Impulse erhält.
Kinder fragen ihre Eltern: Was ist mit dem Tod? Eltern erschrecken, kommen ins Nachdenken: Was glauben wir angesichts des Todes? An die Auferstehung? Welche Überzeugung trägt mich, was will ich meinem Kind weitergeben?
Angesichts des Todes kommt bei Markus der Engel ins Spiel. Die Menschen heute haben ihre kritische Distanz zu Engeln abgelegt. Der Engel ist eine weit verbreitete und akzeptierte religiöse Gestalt. Engel trösten, beschützen und geben Halt. Kinder und ihre Eltern werden den Engel als Wegweiser angesichts des »entsetzlichen« Todes gern annehmen und sich dem öffnen, was er von der Hoffnung auf die Auferstehung zu sagen hat.

Liturgische Gestaltung

Zusammenkommen – sich Gott zuwenden

Bodenbild

Karfreitag und Ostern gehören zusammen
Ein Bodenbild (nach F. Kett) verbindet zwei Kinder- bzw. Familiengottesdienste

Überlegungen im Team
Früher haben wir eigentlich nur Ostern im Kindergottesdienst gefeiert. Karfreitag, das schien uns zu schwer für die Kinder. Aber: Gehört nicht beides zusammen? Irgendwie wollten wir plötzlich auch unseren Jesus nicht allein lassen an seinem Kreuz in unserer Kirche, gerade Karfreitag. Wir wollten kommen und die Geschichte hören, an ihn denken, uns gemeinsam dem Dunklen und Bösen stellen. Um dann glaubwürdiger und fröhlicher Ostern zu feiern.
Karfreitag findet der Gottesdienst für die Großen um 10.00 Uhr statt. Um 15.00 Uhr, zur sogenannten »Sterbestunde Christi« war die Kirche frei. Wir wollten Kinder (ab 6 Jahre) und ihre Eltern dann zu einer Andacht mit der Geschichte von der Kreuzigung einladen.

Karfreitag
Wir läuten nur eine Glocke. Vor Beginn hatten wir in die Mitte aus gelben, orangen, hell- und dunkelroten Tüchern eine große »Sonne« gelegt. Gemeinsam erinnern wir uns mit den Kindern: Für viele ist Jesus wie die Sonne gewesen, so hell; für die verkrümmte Frau, für Bartimäus ... Aber es gab Leute, die mochten sein Licht nicht. Darum musste er sterben. Wir erzählen vom Garten Gethsemane, von der Gefangennahme, der Dornenkrone, dem Kreuz und dem Grab. Dabei verdunkelt sich die Sonne in unserer Mitte. Fünf schwarze Tücher bedecken die Sonne fast ganz. Zum Schluss singen wir »Korn, das in die Erde, in den Tod versinkt«, stellen aufgelaufene Kressesaat in kleinen Schalen dazu. Ein bisschen tröstet das. Tod und Verwandlung gehören geheimnisvoll zusammen.

Foto: Ulrike Lenz

Ostern

Am Ostermorgen begrüßt uns die Sonne wieder, leicht verändert: Sie ist immer noch mit den schwarzen Tüchern bedeckt, aber die Karfreitagssymbole sind entfernt. In den vier Himmelsrichtungen sind grüne Rhythmiktücher angelegt. Die Kinder und die anderen Gottesdienstbesucher »wecken« nun die Ostersonne: Sie singen mehrfach »Vom Aufgang der Sonne«, erst wird sie von der lastenden Karfreitagsdunkelheit befreit, dann bringen die Kinder Schalen mit aufgegangener Kressesaat, Primeln und Schneeglöckchen, dann Schäfchen, Hasen etc. Während die Augen durch diesen sonnigen Ostergarten wandern, wird die Osterkerze, die in einem grünen Feld vor einer aus grauen Tüchern »geformten« Grabhöhle steht, entzündet und die Geschichte von den Frauen am Ostermorgen erzählt.

Foto: Ulrike Lenz

Kurzgeschichte

Salome und das Ostergeheimnis

Salome erwacht. Sie hat Geräusche gehört. Ach ja, die beiden Marias, ihre Freundinnen, haben heute bei ihr übernachtet. Kleider rascheln. Es ist noch dunkel. Die beiden sind schon wach und ziehen sich an. Salome kommt langsam zu sich. Und da ist er wieder: der Schmerz! Wie ein helles, böses, heißes Licht durchfährt er Salome von oben bis unten. »Jesus ist tot. Mein Gott, es ist Wirklichkeit. Er ist tot.« Benommen steht Salome auf. Die Freundinnen grüßen sich nur mit den Augen. Drei Augenpaare, dunkel und voller Traurigkeit.

»Gleich ist es so weit, die Sonne geht auf, wir müssen gehen.« Ja, das haben sie sich vorgenommen. Marias Idee war es gewesen: noch mal zu Jesus, ihn noch mal sehen. Ihn mit Öl salben, als Totensalbung, so wie es Brauch ist. Und sie hatten dafür eingekauft: jede eine kleine Flasche schönstes, duftendes Öl. Salome ist nun angezogen und guckt schnell unter ihre Schlafmatte. Ja, da ist ihr Fläschchen. Sie zieht es heraus. Es fühlt sich kalt an, sie öffnet den Stopfen: Ah, es duftet wunderbar. Nach Blumen, und Frühling ... »Ich bin fertig.« »Gut, dann los.«

Draußen ist es kalt. Kein Licht. In keinem Haus. Die Leute schlafen noch. Und nun zum Grab? Salome schaudert. Die drei gehen ganz dicht zusammen, dass eine die andere spürt, an der Schulter, an den Händen. Der Weg führt aus der Stadt heraus. Hier wohnt keiner mehr. Nur die Toten. Plötzlich bleibt Salome stehen. »Ich weiß nicht, wollen wir wirklich? Ich grusele mich und fürchte mich vor den Gräbern, vor der Höhle, vor den Toten. Es war doch eine blöde, verrückte Idee. Außerdem ist es gar nicht erlaubt.« »Salome. Jetzt sind wir doch gleich da.« Maria, die Freundin aus Magdala, ist entschlossen. »Komm. Vor jeder Grabhöhle liegt ein Riesenstein. Die Toten können nicht heraus.« Die drei sehen sich an. Das hatten sie nicht bedacht! »Tja, aber wir können ja auch nicht hinein!« Die Stimme der anderen Maria ist erschrocken und triumphierend zugleich. »Tolle Idee!« Wie hatten sie das nur vergessen können. Als sie Jesus zum letzten Mal gesehen hatten, da war das Grab ja offen gewesen. Männer hatten ihn in das Felsgrab gelegt und ... na, dann lag die Idee mit dem Salbungsbrauch ja auf der Hand. Klar, später war ein Stein davor gewälzt worden! »Trotzdem, wir gehen!« Marias Stimme klingt wie ein Befehl. Salome ist beruhigt. Klar, da ist ein Stein. Sie spürt das Fläschchen mit dem Duftöl. Sie hält es unter ihrem Mantel in der Nähe ihres Herzens mit den Händen umfasst. Die Erinnerung an den Duft erfüllt sie. Ja, sie will trotz ihrer Angst weitergehen. So erreichen sie schließlich den Felsgarten mit den Gräbern. Es ist nebelig, Morgendunst kriecht am Boden entlang. Wo war es gleich? Eben schickt die Morgensonne ihren ersten Strahl zur Erde. Jetzt kann man besser sehen ... War es da?
»Nein!!« – Marias Schrei ist kaum hörbar, wenn das ein Schrei überhaupt sein kann. Es ist ein Schrei nach innen und viel schrecklicher als ein lauter Schrei. Alle drei erstarren: Das Grab ist geöffnet. Schwarz gähnt sie der Eingang zur Höhle an. »Das ist ja Wahnsinn«, sagt sie und wie magnetisch angezogen geht die mutige Maria zum Eingang des Grabes. »Nein«, schreit nun Salome und nicht nach innen, sondern sehr laut und angstvoll. »Maria, das geht nicht mit rechten Dingen zu. Maria, bleib stehen! Maria!« Salome und die andere Maria halten sie fest, an den Händen, am Gewand. Aber Maria ist wie von Sinnen: »Das muss ich sehen. Ich will ihn sehen. Mein Herr. Mein Jesus.« Die beiden anderen rufen: »Wir bleiben zusammen, Maria. Lass uns nicht allein hier«, werden von ihr mit ins Grab gezogen.
Sie kriechen hinein. Voller Entsetzen. Schweißnass die Hände. Erst ist das Grab ein niedriger, enger Gang. Dunkelheit. Ah, innen weitet es sich zu einer Kammer. Sie richten sich auf: Da! Licht! Da ist jemand. Hell. Herzen rasen, Zittern. Ja. Ein Engel. Eine Stimme: »Fürchtet Euch nicht! Ihr sucht Jesus von Nazareth, den Gekreuzigten. Er ist auferstanden, er ist nicht hier.« Eine Hand zeigt auf den leeren Steintisch am Boden: »Seht, da ist die Stelle, wo man ihn hingelegt hatte. Nun aber geht und sagt seinen Jüngern, vor allem Petrus« – die Hand des Engels zeigt wieder, diesmal Richtung Höhlenausgang: »Er geht euch voraus nach Galiläa; dort werdet ihr ihn sehen, wie er es euch gesagt hat.«
Dann Stille. Das Bild schwindet. Dunkelheit breitet sich aus, erfüllt die Grabkammer. Hinaus! Maria schiebt die beiden anderen vor sich her. Raus hier, hier ist nichts. Schnell. Schnell!

Ah, draußen! Weg hier, weg! Frische Luft, Morgenlicht. Die Freundinnen laufen und laufen, bis sie nicht mehr können. Unter Ölbäumen machen sie Halt, verschnaufen. »Was war das? Habt ihr das auch gesehen?« »Habt ihr ihn auch gehört?« »Ja!« »Das gibt es nicht. Das glaubt uns keiner.« »Und doch ist es wahr.« Ah, Maria, sie ist sich immer so sicher.
»Was sollen wir tun?« »Gar nichts. Wir sagen gar nichts.« »Aber: wir sollen doch zu den anderen ... und ihnen ...« »Später.« »Und nun?« »Ruhig, nur ruhig. Kommt.« Maria fasst beide Freundinnen an den Händen. Sie lächelt. »Kommt. Ganz still. Er hat uns gesagt, dass Jesus uns vorausgeht. Wir werden ihn wieder finden!« »Ja, aber ...« »Habt ihr nicht gesehen, wohin der Engel gezeigt hat. Er ist nicht tot. Er lebt! Wir werden ihn anderswo finden. Kommt, beruhigt euch.« Die drei Freundinnen setzen sich unter den Bäumen ins Gras. Die Sonne ist aufgegangen. Es ist hell und sie sind zusammen. Jesus lebt? In Salome wird es ruhiger und heller. Der Engel – unglaublich! Die Nähe der Freundinnen tut gut. Langsam löst sich ihre Verkrampfung. Ach, da kullert das Fläschchen aus ihrem Gewand. Sie nimmt es in die Hände. Dass Engel Hände haben. Und die Stimme: »Er ist nicht hier«. Gedankenversunken öffnet sie die Flasche, lässt das Öl in ihre Handfläche fließen. Atmet den Duft. Wie schön, wie leicht ... Frühling. Die Freundinnen schauen. Ihre Augen fragen: Was tust du? Salome greift erst die Hände der einen, dann der anderen Freundin. Salbt sie. Sie halten sich an den Händen. Salome sagt: »Es ist ein Geheimnis, was wir erfahren haben. Wir drei. Darin sind wir von nun an für alle Zeit verbunden. Wir wollen das nie vergessen. Unser ganzes Leben lang nicht. Wir wollen uns das versprechen: Wir werden ihn finden und ihm folgen.« » Ja, das wollen wir.«

Ulrike Lenz

Kreative Ideen

Farbtriptychon

Ostern feiern wir: Aus Traurigkeit wird Freude.
Aus dem Dunkel scheint es hell.
Aus der Erde wächst neues Leben.
Christus ist auferstanden!

Wie aus Traurigkeit Trost und schließlich Freude wird, dem wollen wir in der Kinderkirche mit Musik und Farben/Malen nachspüren. Wir gestalten ein »Farbtriptychon«, mit dem wir unsere (moderne, kahle) Kirche schmücken und die Ostergottesdienstbesucher überraschen wollen.

Wir brauchen
- 3 Stücke Raufasertapete je 2–3 Meter
- Malerkittel
- Abtönfarbe, dicke Pinsel und Schwämme aus dem Baumarkt
  (Achtung: Abtönfarbe geht beim Waschen nicht raus!)
- Pappteller
- Gefäße für Wasser
- CD-Abspielgerät

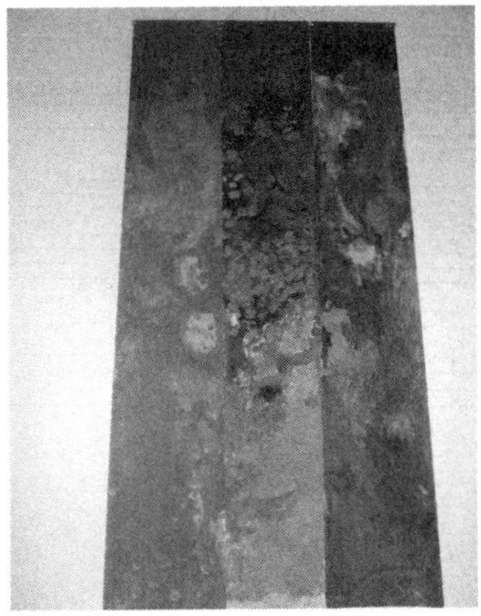

Foto: Ulrike Lenz

Gespräch mit den Kindern

Welche Farben haben Trauer, Schmerz – Freude? Wie klingt Trost?

Aktion

Nacheinander werden die drei Musikstücke gehört und dazu wird gemalt.
Ansage: Hört die Musik mit eurem Herzen. Sprecht nicht, seid ganz Ohr.
Guckt, was eure Hände machen zu der Musik.

1. Trauer (z. B. Alt-Arie »Erbarme dich, mein Gott« Matthäus-Passion, 2. Teil No. 47)
Technik: dunkle Pinselstriche auf nasser Papierbahn

2. Trost (z. B. Giora Feidman, Viva el Klezmer, Let's dance, trad.)
Technik: dunkle Farben gewischt mit Schwämmen; hellere, freundlichere darauf mit Schwämmen und Pinseln getupft

3. Freude (z. B. 17 Hippies Rockn'Roll13, Der Zug um 7.40 Uhr, jüd. Hochzeitslied)
Technik: helle, leuchtende Farben, Freistil

Stichworte
Angst vor dem Tod, Trauer, Trost, Engel, Frauen/Mädchen, Salbung, Freude, Frühling, Ostermorgen, Geheimnis

Ulrike Lenz

Musik sprengt Mauern

25.04.2010
(Jubilate)
Jubeln: Das verheißene Land öffnet sich
(Josua 6,1–20)

02.05.2009
(Kantate)
Singen: Die Glaubenstoleranz bekommt Raum
(Daniel 3,1–30)

09.05.09
(Rogate)
Beten und Singen: Die frohe Botschaft kann weitergehen
(Apostelgeschichte 16,16–34)

Die Stichworte: Jubeln, Singen und Beten haben die Auswahl der drei Geschichten, die der Plan für den Kindergottesdienst für diese Einheit vorschlägt, bestimmt. Es geht in allen drei Geschichten um Rettung aus großer Not. In jeder der Geschichten wird die Not durch ein schier unglaubliches Wunder gelöst. Wenn diese Geschichten bei den Kindern nicht nur als spektakuläre Sensationsgeschichten ankommen sollen, dann müssen wir die Problemsituationen zunächst einmal auf das Leben der Kinder übertragen. In allen drei Geschichten sind grundlegende Lebensthemen angesprochen:

1. Fall der Mauer von Jericho: Überraschende Überwindung einer ausweglosen Situation. Kinder erleben Weichenstellungen auf ihrem Lebensweg. Sie kennen die damit verbundenen Ängste und die Erfahrung, dass manchmal die Zukunft wie mit einer Mauer vermauert erscheint. Wie schaffe ich es, eine solche Mauer zum Einsturz zu bringen?
2. Die drei Männer im Feuerofen: Ungehorsam führt in brenzliche Situationen. Kinder werden mit Drohungen dazu gebracht, etwas Falsches zu tun. Es ist schwer, diesen Druck auszuhalten.
3. Befreiung aus dem Gefängnis in Philippi: Singen führt aus der Enge heraus. Kinder fühlen sich manchmal wie gefangen in den Ansprüchen, die an sie gestellt werden.

Weil es m. E. eine besondere Herausforderung ist, diese markanten Wundergeschichten mit dem Erfahrungshorizont der Kinder zu verknüpfen, stehen im Mittelpunkt der kreativen Angebote drei Geschichten aus der Lebenswirklichkeit von Kindern. In den Geschichten geschehen auch wunderbare Dinge, allerdings in Träumen. Die Geschichten sollen Gesprächsmöglichkeiten in der Kindergruppe eröffnen. Wenn die Gespräche gelingen, können Kinder ihre eigenen Ängste ausdrücken. Die biblischen Geschichten werden dann zu Hoffnungsgeschichten.

Die drei Sonntage im Kirchenjahr stehen unter den Themen: Loben (Jubilate), Singen (Kantate) und Beten (Rogate). Damit soll die Liturgie dieser Sonntage besonders feierlich und festlich vorbereitet werden. Dazu schlage ich vor, an allen drei Sonntagen dasselbe Psalmgebet (s. u.) zu verwenden und mit den Kindern zu gestalten.

Liturgische Gestaltung

Zusammenkommen – sich Gott zuwenden

Psalmgebet: Preist und rühmt ihn ewiglich!
(nach Stücken zu Daniel 3,35–58)

Kehrvers gesungen (EG 337):
Lobet und preiset, ihr Völker, den Herrn.
freuet euch seiner und dienet ihm gern.
All ihr Völker, lobet den Herrn.

Sonne und Mond, lobet den Herrn,
preist und rühmt ihn ewiglich!
Alle Sterne am Himmel, lobet den Herrn,
preist und rühmet ihn ewiglich!
Regen und Tau, lobet den Herrn,
preist und rühmet ihn ewiglich!
Alle Winde, lobet den Herrn,
preist und rühmet ihn ewiglich!
Feuer und Hitze, lobet den Herrn,
preist und rühmet ihn ewiglich!
Frost und Kälte, lobet den Herrn,
preist und rühmet ihn ewiglich!
Tropfen und Flocken, lobet den Herrn,
preist und rühmet ihn ewiglich!
Tag und Nacht, lobet den Herrn,
preist und rühmet ihn ewiglich!
Licht und Finsternis, lobet den Herrn,
preist und rühmet ihn ewiglich!
Eis und Frost, lobet den Herrn,
preist und rühmet ihn ewiglich!
Reif und Schnee, lobet den Herrn,
preist und rühmet ihn ewiglich!
Blitze und Wolken, lobet den Herrn,
preist und rühmet ihn ewiglich!

Berge und Hügel, lobet den Herrn,
preist und rühmet ihn ewiglich!
Blumen und Bäume, lobet den Herrn,
preist und rühmet ihn ewiglich!
Meer und Flüsse, lobet den Herrn,
preist und rühmet ihn ewiglich!
Vögel und Fische, lobet den Herrn,
preist und rühmet ihn ewiglich!
Alle zahmen und wilden Tiere, lobet den Herrn,
preist und rühmet ihn ewiglich!
Ihr Menschenkinder, lobet den Herrn,
preist und rühmet ihn ewiglich!

Kehrvers gesungen (EG 337): Lobet und preiset, ihr Völker, den Herrn.
freuet euch seiner und dienet ihm gern.
All ihr Völker, lobet den Herrn.

Der Kehrvers: »preist und rühmt ihn ewiglich!« kann auch gesungen werden. Zusätzlich oder alternativ kann man dazu klatschen oder mit Rhythmusinstrumenten dazu spielen. Man kann bei jeder Zeile ein Instrument dazunehmen. Dann ergibt sich eine große Steigerung bis zum Schluss.

Melodie: © Gottfried Mohr

Kurzgeschichte

Die zugemauerte Schultür

(1) Wena kommt im Sommer in die Schule. Immer wieder stellt sie sich das vor:
Wie der Schulweg sein wird ...
Wie sie mit den anderen Kindern in der Klasse spielen wird ...
Wie die Lehrerin aussieht ...
Wie sie rechnet und schreibt ...
Sie freut sich auf die Schule. Manchmal aber hat sie auch ein bisschen Angst.
Eines Nachts hat Wena hat einen schlimmen Traum:
(2) Wena hat den Schulranzen auf dem Rücken und die Schultüte im Arm.
Sie geht mit schnellen Schritten auf das Schulhaus zu und ist stolz auf ihre neuen Sandalen.
Sie sieht die große Schultür und betritt die Stufen.
(3) Da: Bei jeder Stufe, die sie betritt, wächst ein Stein vor der Schultür.
Mit jeder Stufe, die sie weiter erklimmt, wird die Tür mehr und mehr zugemauert.
Wie sie vor die Türe treten will, ist da nur noch eine Mauer.
(4) Plötzlich hört sie eine Stimme:
»Wenda, du in die Schule? Du kannst doch noch nicht einmal laufen!«
(5) Wenda bekommt einen großen Schrecken und purzelt rückwärts die Treppe herunter.
(6) Sie steht auf und stapft ein zweites Mal die Treppe hinauf.
(7) Wieder erscheint die Schultüre.
Es passiert dasselbe wie beim ersten Mal.
Bei jedem Schritt die Treppe hinauf wächst vor der Tür eine Mauer.
(8) Wie sie oben ist, ist die Tür vermauert und eine Stimme erschallt:
»Wenn du zwei Goldstücke gleich unter drei Kinder teilen kannst,
dann komm in die Schule!«
(9) Wena schüttelt den Kopf und geht traurig die Treppe hinunter.
(10) Wena macht den dritten Versuch Schritt für Schritt die Treppe hinauf.
Wieder verschließt sich mit jeder Stufe die Tür mit dicken Mauersteinen.
(11) Plötzlich bekommen die Mauersteine Gesichter.
Es sind Kindergesichter, aber sie grinsen spöttisch und frech.
Sie rufen: »Wena, du bist doof!«
»Wena, dein T-Shirt hat das falsche Bild!«
»Wena, dein Hals ist giraffenlang!«
(12) Schnell rennt Wena die Treppe wieder herunter.

Auf der untersten Stufe dreht sich Wena noch einmal um.
Da sieht sie wieder obern an der Treppe die Schultür.
Diesmal geht die Schultür auf. Ihre Mutter schaut zur Schultür hinaus.
(13) »Wena, aufwachen! Es ist Zeit. Du wolltest heute ganz früh im Kindergarten sein!«
Die Schultür ist zur Kinderzimmertür geworden.
Wena ist wach. Ihr fällt es ein. Heute machen die Großen im Kindergarten eine weite Wanderung. Sie wandert gerne. Sie kann weit laufen.
Die Mutter hat schon die Brote geschmiert, zwei zusammengeklappte Brote. Sie schneidet sie in der Mitte durch. »Jetzt habe ich vier Brote«, sagt Wena.
»Du kannst ja schon gut rechnen«, sagt die Mutter.
»Wena, komm schnell! Wir warten auf dich«, rufen draußen ihre Freundinnen.
Sie sind so alt wie sie. Sie werden im Sommer mit Wena in die gleiche Klasse kommen.

Gottfried Mohr

Das Feuer auf dem Spielplatz

Lian ist mit seiner Mutter in eine neue Wohnung im vierten Stock des Wohnblocks gezogen.
Zwischen den Häusern ist ein großer Spielplatz. Dort treffen sich die Kinder der Siedlung. Es hat lange gebraucht, bis Lian auch dazugehören durfte. Es war für Lian eine schlimme Zeit.
Eines Nachts hat Lian einen schrecklichen Traum:
Die Kinder haben auf dem Spielplatz ein großes Feuer gemacht. Sie haben das hölzerne Klettergerüst zerbrochen. Sogar den großen Baum haben sie zu Brennholz gemacht. »Darf ich zu euch kommen?«, fragt Lian. »Wenn du eine Flasche Wein mitbringst. Deine Mutter hat Wein im Keller.« Lian will nicht. Der Junge nimmt ein brennendes Holz aus dem Feuer und richtet es auf Lian. »Ich mach dir Beine!«, schreit er. Schnell rennt Lian und holt die Flasche aus dem Keller. »Du hast den Wein gestohlen!«, brüllt der Junge. Dafür wirst du ins Feuer geworfen. Der Junge packt ihn. Da wacht Lian auf. Ihm ist entsetzlich heiß.
Lian schläft wieder ein und träumt weiter. »Du darfst zu uns kommen«, sagt der blonde Junge am Feuer, »aber zuerst geh ins Kaufhaus und klaue ein CD.« »So etwas tue ich nicht!«, sagt Lian. Da kommt ein anderer Junge mit einem brennenden Holz. »Ich mach dir Beine!«, schreit er. Lian rennt ins Kaufhaus. Das Kaufhaus ist ganz leer, keine Kunden, keine Verkäuferinnen, kein Detektiv. Lian nimmt eine CD. Die Alarmanlage an der Tür spielt eine schöne Melodie. Stolz übergibt er dem blonden Jungen seine Beute. »Du Dieb!«, brüllt der blonde Junge. »Diebe werden ins Feuer geworfen!« Zum Glück wacht Lian auf, schweißgebadet.
Lian träumt zum dritten Mal. Er hat seinen Freund Muro getroffen. Muro ist seit eini-

gen Wochen aus einem fernen Land zugezogen. Die Kinder am Feuer hören Musik. Es ist die Musik von der CD, die Lian geklaut hat. Sie zeigen mit ihren Fingern auf Muro. »Muro soll fortbleiben!«, rufen sie. Muro hält sich ganz fest an Lians Hand. Große Kinder kommen mit brennenden Fackeln. Sie gehen auf Muro los. »Ins Feuer mit ihm!« Lian hält Muro fest. Er lässt ihn nicht los. Sie werden immer näher ans Feuer getrieben. »Hilfe!«, schreit Lian so laut er kann.
»Lian«, sagt die Mutter. »Ich bin doch da. Du hast geträumt. Du hast Fieber!« Mit der schlimmen Nacht fing eine Krankheit an. Lian musste eine Woche im Bett bleiben und eine weitere Woche im Haus. Dann war das Fieber weg und Lian wieder gesund. Die Freunde freuten sich schon auf Lian, als er wieder auf den Spielplatz kam. Einer sagte: »Lian, bring uns doch mal eine Tafel Schokolade. Ich hab welche gesehen, bei deiner Mutter im Vorratskeller.« »Nein«, sagt Lian, und ihm wird ganz heiß. »Ach so«, sagt der Junge. Er hat blonde Haare. »Deine Mutter ist nicht da. Du kannst sie nicht fragen. Ich frag meine!«

Gottfried Mohr

Weißt du, wie viel Sternlein stehen?

Die Mutter hat Evan ins Bett geschickt. Nicht einmal »Gute Nacht!« hat sie zu ihm gesagt.
An diesem Abend war viel schiefgegangen.
Die kleine Schwester war wieder so frech gewesen, dass Evan ihr einen Fußtritt verpassen musste. Das Kinderzimmer hatte er wirklich nicht aufgeräumt, obwohl er es versprochen hatte. Den Stall der Meerschweinchen hatte er nicht ausgemistet. Das hat er einfach vergessen. Ein bisschen konnte er verstehen, dass Mutter sauer war. Aber Gute-Nacht-Sagen, das hätte sie trotzdem können. Lange kann Evan nicht einschlafen. Dann aber hat er einen merkwürdigen Traum:
Er steht in seinem Kinderzimmer. Bücher, Spielsachen, Kleidung, Schuhe, selbst das Fahrrad und das Schlauchboot, alles liegt auf dem Fußboden. Eine Stimme ruft: »Aufräumen! Aufräumen!« Evan hebt ein Buch auf und stellt es ins Regal. Im selben Moment liegen fünf andere Bücher auf dem Boden. Er nimmt eine Hose und will sie in den Schrank hängen. Da fallen alle Kleidungstücke aus dem Schrank und breiten sich auf dem Boden aus. Er nimmt seinen Fußball und legt ihn auf die Kommode. Da rollt der Ball zurück. Er fällt auf den Boden, springt wieder hoch. Bei jedem Aufprall entsteht ein weiterer Ball, der wieder aufprallt und sich wieder vermehrt. Er will das Fenster öffnen. Da sieht er: Das Fenster ist vergittert. Er will aus dem Zimmer rennen. Das merkt er: Die Tür ist verschlossen. Evan wird es schwindelig. Er sucht nach Halt und greift nach einer Schnur. Es ist die Schnur seiner Spieluhr, die ihn seit er ganz klein war begleitet. Die Spieluhr spielt: *»Weißt du, wie viel Sternlein stehen?«*
Das klingt schön. Das beruhigt. Er singt leise mit.
Da plötzlich sortieren sich die Bücher und stellen sich nach Farben sortiert ins Regal.

Die Hosen flattern von selbst in den Schrank. Die Bälle fliegen durchs geöffnete Fenster hinaus.
Die Tür geht auf und das Fahrrad räumt sich selbst auf. *»Kennt auch dich und hat dich lieb!«*, singt Evan leise vor sich hin. Dann aber verwandeln sich die sanften Klänge der Spieluhr in hässliche Misstöne. Aus allen Ecken des Zimmers kommen schrille Töne. Er will sich die Ohren zuhalten, aber seine Arme sind zu kurz. Die Hände erreichen die Ohren nicht.
Jetzt kommen zu den Tönen auch noch Singstimmen dazu. Sie krächzen: »Das schaffst du nie!« und: »Du machst sowieso alles falsch!« und: »Auf dich kann man sich nicht verlassen!«
Die Stimmen bekommen jetzt Gesichter. Mit riesigen Mäulern kommen sie Evan näher und immer näher: »Du bist ein Versager!« »Du bist frech und böse!« »Du machst alles kaputt!«
Jetzt sind die bösen Geister ihm so nahe, dass er nicht mehr fliehen kann. In seiner Verzweiflung springt er in die Luft und greift mit letzter Kraft nach einem Seil, das von der Decke herunterhängt. Wie er das Seil in der Hand hat, merkt er, das ist die Schnur, die die Spieluhr aufzieht. *»Weißt du, wie viel Sternlein stehen.«* Wieder erklingt dieses Lied und es bringt alle Misstöne zum Schweigen. *»Kennt auch dich und hat dich lieb«*, singt Evan. Er singt so laut, dass er von seinem eigenen Singen aufwacht. Evan reibt sich die Augen. »Jetzt bitte nicht wieder einschlafen«, denkt er, »sonst träume ich wieder so einen schrecklichen Traum.«
Er setzt sich ganz aufrecht ins Bett. Der Mond scheint durch das Fenster. Ganz leise singt er vor sich hin:
»Weißt du, wie viel Sternlein stehen
an dem blauen Himmelszelt?
Weißt du, wie viel Wolken gehen,
weithin über alle Welt?«
Da geht die Tür auf. Die Mutter kommt herein. »Kannst du nicht schlafen, Evan?«, fragt sie freundlich. »Gute Nacht, mein Lieber, morgen wird ein schöner Tag!« »Jetzt kann ich schlafen«, sagt Evan. Die Mutter zieht noch einmal an der Spieluhr. Evan fallen die Augen zu.

Gottfried Mohr

Kreative Ideen

Verklanglichung der drei Geschichten

Da die Geschichten sehr dicht sind, ist es lohnend, sich mit den Texten intensiver zu beschäftigen. Es bietet sich an, die Träume in den Geschichten mit Instrumenten zu unterlegen. Am Beispiel der ersten Geschichte schlage ich vor, wie man vorgehen kann. Für die Rahmenhandlung (1) und (13) würde ich eine ruhige Instrumentalmusik auswählen, die ich leise mit dem CD-Spieler einspiele. Der Sprecher/die Sprecherin liest dazu den Text. Diese Rolle kann auch ein größeres Kind der Kinderkirche übernehmen.
Dann ordnen wir den drei Phasen der Geschichte Instrumente zu und Kinder, die mit diesen Instrumenten improvisieren.
Weg die Treppe hinauf (3), (6), (10)/Begegnung an der Tür (4), (7), (11)/Weg die Treppe hinunter (5), (9), (12).
Die Kindergruppen werden dann eingeladen, wenn der entsprechende Text verlesen wird, mit ihren Instrumenten entsprechend dem Inhalt zu improvisieren. Wichtig ist es, beim Verlesen des Textes der Musik genügend Zeit zu lassen.

Gespräch über die Geschichten

Die Kinder in den Geschichten tragen merkwürdige Namen. Sie heißen Wena, Lian und Evan. Alles erfundene Namen, die es in der Kindergruppe nicht gibt. Kein Kind darf wegen einer Namensgleichheit bloßgestellt werden. Die Erfahrungen, die Wena, Lian und Evan machen, kennen viele Kinder. Wir suchen mit den Kindern ein Gespräch, in dem sie von ähnlichen Erfahrungen erzählen, wie sie in den Geschichten erzählt werden. Wichtig ist in solchen schwierigen Lebenssituationen, Vertrauen zu haben: Vertrauen zum Leben, Vertrauen zu sich selbst, Vertrauen zu Gott. Die Gesprächsrunde wird mit einem Lied abgeschlossen, das vom Vertrauen zu Gott singt:
Gott sagt uns immer wieder (LJ 542)/Gott hält seine Hand (LJ 540)/Wer sich auf Gott verlässt (LJ 633).

Stichworte
Angst, Vertrauen, Singen, Versagen

Gottfried Mohr

Nach dem Abschied: Neues entsteht! Jesus sendet Gottes Geist

13./16.05.2010
(Himmelfahrt/Exaudi)
»Weißt du noch ...?« – Gottes Geist erinnert uns an Jesus
(Johannes 14,15–20.25–26)

23./24.05.2010
(Pfingsten)
»Er ist da!« – Gottes Geist verwandelt unsere Traurigkeit in Freude
(Johannes 16,16–22)

30.05.2010
(Trinitatis)
»Wer steht uns bei?« – Gottes Geist tritt für uns ein
(Johannes 15,2–16,13.33)

Auch wenn der auferstandene Jesus nicht mehr da ist, hat er seine Jünger und Jüngerinnen nicht verlassen.
Er sendet uns den Heiligen Geist, der uns hilft, uns an Jesus zu erinnern und darauf zu vertrauen, dass Gott mit seiner verwandelnden Kraft auch in Zeiten der Traurigkeit und Angst bei uns ist.
In den Kindergottesdiensten soll Gottes guter, heiliger Geist Mut machend, begeisternd und stärkend erfahrbar werden.

– durch die Wirkung von Licht und Farbe in Bodenbildern
– durch stärkende Berührung im Segen
– durch Jesu Zusagen, die auch mitgenommen werden können

Liturgische Gestaltung

Zusammenkommen – sich Gott zuwenden
(für die gesamte Einheit)

Eingangsgebet Psalmgebet – Gebet nach Psalm 118,24–29
Bei den einzelnen »Strophen« kann mit Symbolen eine Mitte gestaltet werden.
1. farbenfrohes Tuch; 2. Papierherzen; 3. Blume/Blüte; 4. Feuerflammen aus Tonpapier oder Kerze. Das Gebet wird gesprochen und dabei werden die Dinge gelegt, die *Anspielung* ist im Text enthalten.

Kehrvers: Komm, Heiliger Geist, mit deiner Kraft,
die uns verbindet und Leben schafft.

Guter Heiliger Geist, Du Geist Gottes, komm!
Wir brauchen Dich.
Denn, wo Du bist, da ist das Leben schön und bunt,
wie dieses bunte Tuch.
Da wird vieles neu.

Kehrvers

Guter Heiliger Geist, Du Geist Gottes, komm!
Denn, wo Du bist, *da öffnen sich die Herzen,*
da helfen Menschen einander.
Da werden Traurige froh,
Verzweifelte getröstet und Ängstliche bekommen neuen Mut.

Kehrvers

Guter Heiliger Geist, Du Geist Gottes, komm!
Durch Dich blüht die Hoffnung *wie Blumen.*
Durch Dich wächst das Vertrauen.
Durch Dich wird Frieden.

Kehrvers

Guter Heiliger Geist, Du Geist Gottes:
Wir brauchen Dich.
Wir brauchen Dich wie Licht, wie Feuer, wie Wärme.
Verwandle uns mit Deiner Lebendigkeit und Kraft.
Verwandle uns mit Deiner Liebe. Amen.

Andrea Petritsch
Aus: P. Hitzelberger/G. Mohr (Hg.): Du bist da, © Verlag Junge Gemeinde, Leinfelden-Echterdingen 2004, S. 39

Sendung – Segen

Fürbitte
Wir denken an die kranken Menschen und an Menschen, die Schmerzen haben.
Geist Gottes, brich unsere Herzen auf, vertreibe die Kraftlosigkeit und stecke uns an mit Deiner Liebe.
Wir denken an Menschen, die einsam sind und keine Freunde oder Freundinnen haben.
Geist Gottes, brich unsere Herzen auf, vertreibe die Einsamkeit und stecke uns an mit Deiner Liebe.
Wir denken an die Menschen, die vor Angst nicht schlafen können.
Geist Gottes, brich unsere Herzen auf, vertreibe Angst und Furcht und stecke uns an mit Deiner Liebe.
Wir denken an Menschen, die unter Gewalt und Krieg leiden.
Geist Gottes, brich unsere Herzen auf, vertreibe Streitlust und Machtgier und stecke uns an mit Deiner Liebe.

Segen
(rot/orange/gelb, ein oder mehrere Chiffontücher als Geist/Segenstücher werden während des Segens weitergegeben bzw. um die Schultern gelegt)
Ich wünsche uns/dir Gottes Geist wärmend wie Feuerflammen.
Ich wünsche uns/dir Gottes Segen.
Er erhelle und entzünde, er entflamme und begeistere uns/dich.
Er schenke uns/dir Kraft. Amen.

Kurzgeschichte

Die Geschichte vom Heiligen Geist

Es hat in der Geschichte des Christentums immer wieder Zeiten und Länder gegeben, in denen Christ sein gefährlich und auch verboten war: z. B. in der Zeit des Urchristentums, der Gegenreformation oder in kommunistischen Ländern. In der Kurzgeschichte ist die konkrete historische Situation bewusst offen gelassen. Es geht einfach um irgendeine Verfolgungssituation, in der sich der Glaube an Jesus und seinen stärkenden, guten Geist bewährt.
Da sitzen sie alle beieinander und lassen den Kopf hängen. Draußen hört man schwere Schritte. Eine Polizeipatrouille geht vorbei. Ob sie schon gesucht werden? Jeden Moment könnte es an der Tür pochen. Versammlungen dieser Art sind verboten. Und letzte Woche haben sie einen von ihnen, Tobias, nach der Versammlung geschnappt. Irgendjemand hatte ihn verraten. Dabei gehörte Tobias noch gar nicht so lange dazu. Auf alle Fälle lang genug, um die ganze Gruppe zu kennen. Ob er sie jetzt verraten würde, um aus dem Gefängnis zu kommen?
Sie wissen nicht mehr, was sie tun sollen. Die Angst lähmt, sie sitzt tief in ihren Knochen. »Wie soll es nur weitergehen?« Sie fühlen sich so alleine, so schutzlos wie Waisenkinder.
Die Schritte gehen vorbei. Erleichtert schauen sie sich an. Etwas später pocht es vorsichtig an der Tür. Der Alte steht draußen.
»Kinder, was soll das?« Er versucht Mut zu machen. »Warum seid ihr so ängstlich? Denkt an Jesus und seine Freunde. Wir sind doch hier zusammen, weil wir an ihn glauben. Er lässt uns nicht im Stich.
Erinnert euch, wie er seinen Freunden Kraft gegeben hat. Er hat ihnen einen Helfer geschickt, einen Tröster. Seine Freunde sollten sich nie einsam und verlassen fühlen. Auch wenn sie Jesus selbst nicht mehr bei sich hatten.
Also, Kopf hoch! Jesu guter Geist ist auch bei uns und bei Tobias im Gefängnis.«

Der Alte breitet die Arme aus und nimmt sie alle der Reihe nach in den Arm. Allmählich löst sich die Spannung. Sie fangen an zu lachen, setzen sich an den Tisch. Einer spricht ein Gebet, für Tobias wird besonders gebetet, dann wird ein Lied angestimmt. Sie essen und trinken. Der Alte erzählt Geschichten von Jesus, seinen Freunden und dem guten Geist. Am Schluss tanzen sie sogar fröhlich. Die Angst ist wie weggeblasen.

Kreative Ideen

Himmelfahrt/Exaudi

Eine Jesus-Kerze wird in der Mitte entzündet.
Die Kinder schlüpfen in die Rolle der Freunde Jesu, entscheiden, in welcher Entfernung zu Jesus ihre Figur mitspielt. Der Abstand/die Nähe zu Jesus wird mit einem verbindenden Band zum Ausdruck gebracht. So hören die Kinder die Geschichte von Jesu Versprechen: Er wird seinen guten, Heiligen Geistes senden. Während der Erzählung wird dann die Jesusfigur entfernt. Die Bänder werden mit Zusagen aus dem Text beschriftet und den Kindern mitgegeben. Oder die Zusagen werden auf Papierherzen geschrieben, zu den Figuren gelegt und auch anschließend mitgegeben.

Jesus verspricht:
Ich lasse euch nicht allein.
Ihr seid keine armen Waisen.
Ihr bekommt meinen guten Geist.
Ihr müsst nicht den Kopf hängen lassen.
Ihr braucht euch nicht zu fürchten.
Mein guter Geist lässt euch fröhlich lachen.
Ihr bekommt neue Kraft.
Ich bleibe euer Freund.
Traut euch nur, ich bin da, auch wenn ihr mich nicht seht. (u. Ä.)

Jedes Kind bekommt eines dieser Versprechen zugesprochen und ein Band und/oder Herz überreicht. Zwischen den einzelnen Zusagen singen wir: »Das wünsch ich sehr« (LJ 488). Bei »Fürchte dich nicht« wackeln und winken wir mit den Bändern.

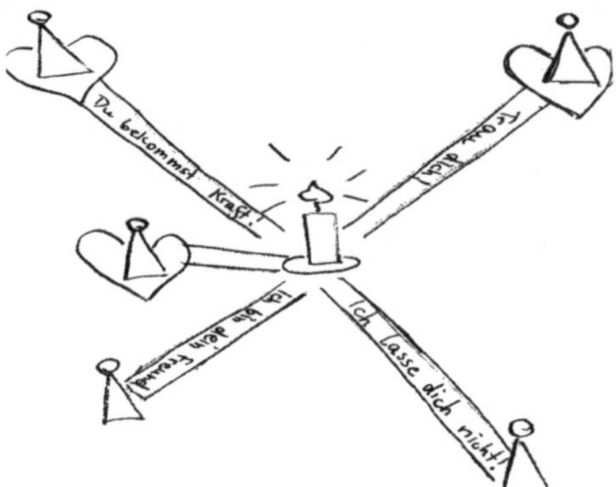

Zeichnung: Andrea Petritsch

»Tanzlied«: Du verwandelst meine Trauer in Freude (LJ 508)

Wir stehen im Kreis mit dem Gesicht zur Kreismitte. Die einzelnen Zeilen des Liedes werden mimisch und pantomimisch zum Ausdruck gebracht.
Trauer: Kopf hängen lassen, trauriges Gesicht
Freude: strahlender Gesichtsausdruck, Luftsprung
Ängste: angstvolles Schütteln
Mut: selbstbewusst Arme anheben/anwinkeln
Sorgen: Gesicht in Hände verstecken
Zuversicht: offen um sich schauen
Bei »guter Gott, Du verwandelst mich« drehen wir uns um uns selbst.

Pfingsten

Die Freude und Kraft, die von Jesus und seinem Geist ausgeht, kann mit folgender kreativer Erzählung zum Ausdruck kommen. Die Geschichte verbindet die Bedeutung des Leben Jesu mit Passion und Ostern und schließlich mit der Erfahrung des Heiligen Geistes als Kraft Jesu, die schon zu seinen Lebzeiten und über seinen Tod hinaus wirkt. Während des Erzählens wird zur Veranschaulichung ein Bodenbild gelegt. Wenn es nicht möglich ist, im Kreis rundherum zu sitzen, dann können die einzelnen Elemente aber auch alle aus Tonpapier geschnitten und mit Doppelklebeband auf eine Tafel/Flipchart/Tuch vorne im Altarraum geheftet werden.

Benötigt werden

- Eine große »Gottes«-Kerze, eine weitere Kerze für Jesus und mehrere Teelichte
- Ein grünes/braunes Tuch als Weltkugel
- Holz- oder Papierfiguren, um Menschen darzustellen
- Je ein orangenes, blaues, lila, grünes Blütenblatt aus Tonpapier
- Vier Kreuzbalken aus schwarzem Tonpapier
- Vier Papier-Blüten/Blumen

Jesus ist da mit seiner Kraft
Eine Geschichte möchte ich euch erzählen
Eine Hoffnungsgeschichte
Eine Geschichte von Gott *(große Kerze entzünden)*

und von der Welt *(grünes/braunes Tuch wie Weltkugel im Abstand neben Kerze legen)*.
Von der Welt mit ihren vielen Menschen *(Holzfiguren um das Tuch herumstellen)*,
jungen und alten, gesunden und kranken, mutigen und ängstlichen, freundlichen und unfreundlichen ...
Unter den vielen war einmal einer, der war wie ein Licht *(Kerze an der großen Kerze entzünden und in die Mitte des Tuches)*.
Wo er hinkam, wurde es hell und warm, erblühte das Leben.
Er ging zu den Kranken und sagte: »Werde gesund!« *(blaues Blütenblatt von der Kerze weg zu den »Menschen« hinlegen)*
Er ging zu den schuldig Gewordenen und sagte: »Dir ist vergeben!« *(lila Blütenblatt ebenso)*
Er ging zu den Ängstlichen und sagte: »Du bist wichtig! Du darfst vertrauen!« *(oranges Blütenblatt)*
Er ging zu den Jungen und Alten und sagte: »Gott ist euch gut!« *(grünes Blütenblatt)*
Und viele freuten sich darüber und wurden froh.
In vielen leuchtete sein Licht.
Wenn er da ist, sagten sie, wird es schön. *(Teelicht an der Kerze in der Mitte entzünden, dazustellen)*
Wenn er da ist, haben wir einen Freund. *(Teelicht)*
Wenn er da ist, wirkt eine gute Kraft. *(Teelicht)*
Wenn er da ist, spüren wir Gott. *(Teelicht)*
So war er – Jesus, der Mann aus Nazareth in Israel.
Viele wurden seine Freunde, seine Jünger.
Viele zogen mit ihm von Stadt zu Stadt,
von Haus zu Haus, von Mensch zu Mensch.
Damals dort, wo er lebte.
Viele andere aber waren gegen ihn.
Er bringt alle durcheinander, riefen sie. *(erster schwarzer Kreuzbalken von der Kerze weg, Blütenblatt teilweise verdeckend legen)*
Er ist ein Freund der Bösen! *(zweiter Kreuzbalken)*
Er hat einen schlechten Einfluss auf die Leute! *(dritter Kreuzbalken)*
Er erzählt Lügen über Gott! *(vierter Kreuzbalken)*
So ärgerlich, so wütend waren sie, dass sie beschlossen:
Er muss sterben!
Und so kam es. Schließlich schlugen sie ihn ans Kreuz.
Schließlich brachten sie ihn um. *(Kerze ausblasen)*
Da war alles zerstört. *(Teelicht ausblasen)*
Da war alles Blühen zu Ende. *(Teelicht ausblasen)*
Da war alles Licht ausgelöscht. *(Teelicht ausblasen)*
Da waren alles Vertrauen und alle Hoffnung verschwunden. *(Teelicht ausblasen)*
Auch in seinen Freunden.
Wer wird uns jetzt sagen: Werde gesund? fragen sie. *(Blütenblätter wegnehmen)*

Wer wird uns jetzt sagen: Dir ist vergeben!
Wer wird uns jetzt sagen: Du bist wichtig!
Wer wird uns jetzt sagen: Gott steht zu euch!
Niemand! Niemand! Niemand
Niemand!? Doch!
Ihr wisst es ja, – das Wunder von Gott am Ostermorgen.
Das Wunder des Lebens, das den Tod besiegt.
Gott lässt Jesus nicht im Tod.
Gott holt Jesus in neues Leben. *(Kerze in der Mitte wieder an Kerze am Rand entzünden)*
Die Frauen, die Freundinnen haben es zuerst erkannt.
Es sollte nicht alles aus und umsonst sein.
Es soll doch gelten, es soll doch zu sehen, zu hören, zu spüren sein,
überall und immer; was er sagte und tat – Jesus, die Kraft Gottes.
Ich mache dich gesund! *(blaues Blütenblatt wieder zwischen die Kreuzbalken)*
Ich vergebe dir deine Schuld! *(lila Blatt)*
Ich sage dir: Du bist wichtig! *(orangenes Blatt)*
Ich sage dir: Gott steht zu dir! *(grünes Blatt)*
Die Freundinnen haben es den Freunden weitererzählt.
Und dann haben sie es alle erfahren. Sie sehen ihn und freuen sich.
Sie spüren und erleben seine Kraft.
Ich bin bei euch! Jeden Tag! Immer! Bis an das Ende der Weltzeit!
So hören sie ihn.
Und dann spüren sie es in sich drin – das Wunder:
Ja, er lebt! *(Teelicht an Kerze entzünden)*
Ja, seine Kraft wirkt in uns! *(Teelicht)*
Ja, er ist da! *(Teelicht)*
Ja, er sendet uns! *(Teelicht)*
Und so gehen sie in die Welt. Nach Osten und Westen, nach Norden und Süden. *(Teelichte gegen die Enden der Kreuzbalken rücken)*
Auch zu uns.
Und sie sagen es allen, den Jungen und Alten, den Gesunden und Kranken, den Mutigen und Ängstlichen, den Freundlichen und Unfreundlichen, auch uns:
Hört nur, Jesus sagt: Gott steht zu euch!
(Blüte ans Ende des Blütenblattes)
Hört nur, Jesus sagt: Gott seid ihr wichtig!
(Blüte ans Ende des Blütenblattes)
Hört nur, Jesus sagt: Gott vergibt euch!

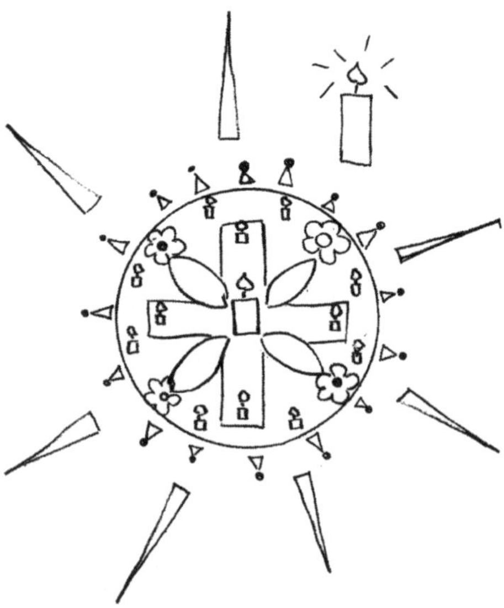

Zeichnung: Andrea Petritsch

(Blüte ans Ende des Blütenblattes)
Hört nur, Jesus sagt: Gott macht euer Leben heil! *(Blüte ans Ende des Blütenblattes)*
Und überall werden Menschen froh. *(weitere Teelichter von den Teelichtern aus bei den Menschenfiguren entzünden)*
Überall wird es hell und warm.
Überall werden Menschen getauft.
Überall werden Menschen Jüngerinnen und Jünger Jesu.
Ünd überall spüren sie es:
Er ist da! Ja, Jesus ist da mit seiner Kraft!
Sein guter Geist wirkt!
Immer! Jeden Tag! Bis an das Ende der Weltzeit.
Im Osten! Im Westen, im Norden, im Süden! *(gelbe Strahlen um den Erdkreis legen)*
Auch bei uns. Das feiern wir heute.

Für die Kleinen

Jedes Kind schneidet seinen Fußabdruck aus buntem Kopierpapier. Die Fußabdrücke werden als ängstliche Jünger und Jüngerinnen beziehungsweise als Figuren der 1. Kurzgeschichte in einem Haus versammelt. Das Haus ist mit Bändern/Tesakrepp auf dem Boden angedeutet. Nach der Geschichte, wenn die Angst wie weggeblasen ist, pusten wir unsere Fußabdrücke aus dem Haus, bzw. lassen sie durch unsere Puste fröhlich tanzen.

Zeichnung: Andrea Petritsch

Trinitatis

Gottes Geist ist es, der uns mit offenem Herzen und Augen durch unsere Welt gehen lässt und uns Mut macht, auch für andere einzutreten. Daher gestalten wir das Fürbittengebet bewusst mit Lichtherzen.
Aus Tonpapier werden Herzen geschnitten. In die Mitte wird mit einem Cutter/Stanleymesser in der Größe eines Teelichtes ein Strahlenkreuz geschnitten. Die eingeschnittenen Linien lassen sich zurückbiegen und ein Teelicht kann in das entstandene Loch hineingeschoben werden. Die Lichterherzen werden für einzelne Fürbitten entzündet, anschließend den Kindern mitgegeben.

Stichworte
Abschied, Angst, Heiliger Geist, Himmelfahrt, Mut, Pfingsten, Trost

Andrea Petritsch

WM 2010 — Die Welt zu Gast bei Freunden in Südafrika

06.06.2010
(1. Sonntag nach Trinitatis)
WM 2010 – 11 Freunde sollt ihr sein – und noch viel mehr
Das große Spiel – in Südafrika!
(Sprüche 8,30–31)
Alternativen: Jesaja 65,17–25 oder Hebräer 13,1–3.5.6.16

13.6.2010
(2. Sonntag nach Trinitatis)
WM 2010 – Fairplay
(Matthäus 22,37–39)

20.6.2010
(3. Sonntag nach Trinitatis)
WM 2010 – Die Weltauswahl Gottes ist kunterbunt
(Apostelgeschichte 2,1–13)

Zurzeit findet die Fußball-Weltmeisterschaft statt. In Südafrika spielen dann 32 Nationalteams um den Weltpokal. Am Ende geht die Trophäe für vier Jahre in den Besitz des Weltmeisters über. Viele Millionen Zuschauer verfolgen vor Ort und an den Fernsehschirmen die Spiele, auch in Deutschland gibt es wieder Fußballfeste auch in der Kirche: In vielen evangelischen Gemeindehäusern gibt es public viewing, manchmal sogar in den Kirchräumen. Während der WM können im Kindergottesdienst Themen zwischen Kirche und Sport behandelt werden. Nicht zuletzt aufgrund der Erfolge der Frauenteams im Fußball sind dies keineswegs reine Jungenthemen. Dabei wird der Sport, anders als im überwiegenden Teil kirchlicher Tradition, hier grundsätzlich positiv gesehen. In der zusammenrückenden Weltgesellschaft bietet er die Möglichkeit der Völkerverständigung. Besonders die letzte WM in Deutschland konnte hier Maßstäbe setzen. Viele verbinden mit dem aktuellen Turnier die Hoffnung, dass in Südafrika eine ähnliche Atmosphäre erreicht werden kann. Daher ist »Freundschaft« ein großes Thema, auch für den Kindergottesdienst. Ausgehend vom Zitat des früheren Bundestrainers Sepp Herberger »elf Freunde sollt ihr sein« gehen wir auf die Suche nach Freundschaften rund um den Sport. Um menschliche Gerechtigkeit und um Gottes Gerechtigkeit geht es im Anschluss beim Thema »fair play«: ein Motto bzw. eine Grundhaltung, die aus dem christlichen Wertesystem heraus entwickelt wurde. Am Ende steht das Fest der Menschen dieser Erde, die sich über der Begeisterung für ein Spiel in Südafrika zusammenfinden. In der Buntheit der Weltauswahl Gottes …

Liturgische Gestaltung

1. Sonntag nach Trinitatis
Zusammenkommen – sich Gott zuwenden

Gebet: Danke für die Freunde
Lieber Gott, danke, dass wir Freunde haben
und jemand, dem wir unsere Gefühle, Ängste und Sorgen anvertrauen können.
Jemand, der uns wieder aufbaut,
wenn wir niedergeschlagen sind.
Der nicht über uns spottet und uns Mut macht,
noch einmal anzufangen.
Aber manche Menschen kennen dieses Gefühl der Geborgenheit,
der Unterstützung und der Liebe nicht.
Sie leben alleine oder im Krieg.
Lieber Gott, beschütze all diese Menschen.
Gib ihnen das Gefühl, geborgen zu sein.
Das bitten wir Dich. Amen.

(Pamela, 11 Jahre)
Aus: Andreas Ebert (Hg.), Das Kindergesangbuch, © Claudius Verlag, München 2003(6), Seite 211

Tanz zum Lied »Alle Kinder dieser Erde«
Tanz im Kreis, Aufstellung an den Händen gefasst, nach rechts gehen: **1.** *Alle Kinder dieser Erde* 2 x Klatschen *sind vor Gottes Angesicht,* 3 x Klatschen, wieder an den Händen fassen, nach links gehen: *eine riesige Familie, ob sie's wissen oder nicht.* Stehen, 3 x Klatschen. Wieder an den Händen fassen, nach rechts gehen: **2.** *Der Indianerbub im Westen,* 2 x Klatschen, *und aus China Li-Wang-Lo,* Stehen und 3 x Klatschen, wieder an den Händen fassen und nach links gehen: *auch der schwarze Afrikaner und der kleine Eskimo. Stehen,* 3 x Klatschen. Genauso die 3. und 4. Strophe.
Das Lied finden Sie in: Andreas Ebert (Hg.), Das Kindergesangbuch, München 2003(6)

Sendung – Segen

Segen aus Afrika
Der Herr segne uns.
Er erfülle unsere Füße mit Tanz
und unsere Arme mit Kraft.

Er erfülle unser Herz mit Zärtlichkeit
und unsere Augen mit Lachen.
Er erfülle unsere Ohren mit Musik
und unsere Nasen mit Wohlgerüchen.
Er erfülle unseren Mund mit Jubel
und unser Herz mit Freude.
Er schenke uns immer neu die Gnade der Wüste:
stilles, frisches Wasser und neue Hoffnung.
Er gebe uns allen immer neu die Kraft,
der Hoffnung ein Gesicht zu geben.
Es segne uns der Herr.
Amen.

www.brot-fuer-die-welt.de, 50 Jahre Brot für die Welt

2. Sonntag nach Trinitatis
Hören – Antworten

Kanon zu Micha 6,8
Text (zu Micha 6,8): Eugen Eckert; Melodie/Kanon für 4 Stimmen: Alejandro Veciana

Kurzes Glaubensbekenntnis

Er sitzt zur Rechten Gottes, des allmächtigen Vaters, von dort wird er kommen zu richten die Lebenden und die Toten.
Nicht andere werden über mein Leben richten, sondern Gott allein. Nach der Bibel ist Jesus Christus ein gerechter Richter über mein Leben. Er hat das letzte Wort. Dieser Gedanke lässt mich aufatmen. Nicht weil ich glaube, dass ich im Leben alles richtig mache. Aber weil ich glaube, dass ich bei ihm gut aufgehoben bin.
Ich glaube, es wird gut sein zu spüren am Ende meines Lebens: Ich erkenne, dass ich erkannt bin. Von dem, dessen Liebe ich mich anvertraue. Er vergisst keine meiner Taten und wird sie benennen, wenn sich die Zeit erfüllt. Ich kann mich auf ihn verlassen: Gott wird sich in seinem Urteil durch nichts beeinflussen lassen, er ist unbestechlich. Natürlich wird das für mich nicht nur angenehm. Aber ich vertraue auf seine Liebe und hoffe: seine Gerechtigkeit geht zu meinen Gunsten. Wenn alle Dinge meines Lebens offen liegen, was ich richtig und falsch gemacht habe, dann vertraue ich darauf: Gottes Liebe ist so groß, dass sie meine Fehler überwinden kann. Gottes Liebe kann meine Makel und Flecken zudecken wie mit einer großen Decke. Dann bin ich für immer gerettet.
Nicht andere werden über mein Leben richten, sondern Gott allein. Nach der Bibel ist Jesus Christus gerechter Richter über mein Leben. Er hat das letzte Wort, nicht andere. Dieser Gedanke lässt mich aufatmen. Nicht, weil ich glaube, dass ich im Leben alles richtig mache. Aber weil ich glaube: Bei ihm bin ich gut aufgehoben. Amen.

3. Sonntag nach Trinitatis

Lesung mit Halleluja
Lesung oder Nacherzählung von Apostelgeschichte 2,1–13 mit Halleluja mit Bewegung
Das Lied »Hallelu« greift den Bibeltext inhaltlich auf: Die Verschiedenheit der Menschen mit ihrem unterschiedlichen Sprachhintergrund kommt in den mehrsprachigen Liedtext und durch die Gruppenbildung zum Ausdruck. Dass sie sich seit dem Wunder an Pfingsten dennoch verstehen und in einem Sinne Gott loben können, veranschaulichen das gemeinsame Singen und die aufeinander abgestimmten Bewegungen.

Das Lied wird zunächst mit deutschem Liedtext gesungen. Nun wird eine Verabredung getroffen: Jeweils beim sich wiederholenden Text »Hallelu« steht ein Teil der Gruppe auf und setzt sich wieder, jeweils bei »preiset den Herrn« der andere Teil. Es können verschiedene Kleingruppen verabredet werden: große/kleine Kinder, Mädchen/Jungen, Erwachsene/Kinder, verschiedene Fangruppen usw. ... Im Anschluss kann das Lied in gleicher Form in ausgewählten Fremdsprachen weitergesungen werden.
Hallelu, halleluja ...

Das Lied finden Sie in: Andreas Ebert (Hg.), Das Kindergesangbuch, München, Nr. 193

Kurzgeschichte

1. Sonntag nach Trinitatis

Australier zu Besuch
Wo die Australier 2006 bei der WM auftauchten, hatten sie sie immer dabei: ihre aufblasbaren Kängurus. Sie zogen mit ihnen über die WM-Meilen, die es in Deutschland in allen Spielorten gab. Dazu sangen sie lustige Lieder, tranken Bier und genossen den Sommer in Deutschland. Sie waren begeistert vom tollen Wetter. Keiner hat ihnen verraten, dass dies in unserem Land nicht immer so ist. Und schließlich hatten wir 2006 erst Anfang Juni die Heizung ausgeschaltet. Doch rechtzeitig zum Fußball-Fest schien die Sonne. Eben auch über den Australiern. Und so kamen sie um die halbe Welt geflogen und waren in Deutschland mit Bussen, Wohnmobilen und Motorrädern unterwegs. Zwei von ihnen waren bei Freunden zu Gast. Natürlich mit Känguru. Das gute Stück haben sie am Ende den Kindern geschenkt. Schnell hatte es seinen Namen: Skippy, so wie früher mal ein Känguru in einer Fernsehserie. Und so wie sie Skippy in ihr Herz geschlossen haben, so mochten sie auch die beiden Australier. Hörten zu, wenn sie von ihrem Land erzählten, wo jetzt gerade Winter war, von den Ureinwohnern, Aborigines genannt und von Ayers Rock, den sagenhaften Felsen in der Landesmitte. »Da wollen wir auch mal hin« war die einhellige Meinung der Kinder. Und natürlich wollten sie mal ein Känguru in freier Wildbahn erleben. Gefreut haben sich die deutschen Gastgeber natürlich mit ihren Freunden, als Australien mit dem Erreichen des Viertelfinales so erfolgreich war, wie nie zuvor bei einer WM.

Uli und ich
Quer durch meine Schrift ging ein Strich und deswegen bekam ich keine Zwei. Zu Hause haben sie mir gesagt, ich brauchte es mir nicht gefallen zu lassen. »Ich will nicht mehr neben Uli sitzen«, habe ich zu meiner Lehrerin gesagt. »Wo willst du denn sitzen, Petra?«, hat sie gefragt. »Neben Peter«, habe ich gesagt. Ich habe meine Sachen vom Tisch genommen und bin einfach gegangen und habe kein Wort zu Uli gesagt. Er ist dagestanden und hat geguckt und hat ganz nasse Augen gehabt. Dann hat Rolf sich zu Uli gesetzt, und ich habe gedacht, wie lange das wohl gut geht. Gleich am nächsten Tag hat Rolf gepetzt, dass Uli mit dem Stuhl wackelt, dass Uli an den Füller stößt, dass Uli das Radiergummi nimmt, dass Uli abguckt. Um jede Kleinigkeit hat Rolf aufgezeigt, und es hat mich ganz nervös gemacht.
Jörg ist wieder da; er war lange krank. Er hat sonst neben Peter gesessen, und es ist selbstverständlich, dass er seinen Platz wieder einnimmt. In unserer Klasse sind vierzig

Plätze, acht Plätze bleiben immer frei, weil wir nur zweiunddreißig sind. Ich gucke mich um. Ich sehe, der Platz neben Uli ist auch frei; Rolf fehlt. Ich weiß selbst nicht, weshalb ich mich wieder auf meinen alten Platz setze. Ich will meine Sachen auspacken, da sagt Uli: »Ich finde, man kann nicht einfach wiederkommen, wenn man einmal weggegangen ist.« Ich habe nicht erwartet, dass Uli so etwas sagt. Ich weiß nicht, was ich tun soll. Ich denke daran, dass er geweint hat, als ich weggegangen bin. Da fragt meine Lehrerin: »Was sagst denn du dazu, Petra?« Ich bringe kein Wort heraus. Da fragt sie noch mal. Ich sage: »Uli hat Recht.« – »Ja, und?«, fragt die Lehrerin. »Heute bleibe ich hier sitzen. Morgen kann ich mich ja woanders hinsetzen«, sage ich. Keiner hat weiter ein Wort gesagt. Auch nicht am nächsten Tag. Und nicht die anderen Tage. Ich weiß nicht, wie lange ich schon wieder neben Uli sitze. Manchmal stößt er mich an, und verschrieben habe ich mich seinetwegen auch. Aber man kann sich auch was gefallen lassen, finde ich. Und so unruhig wie früher ist er gar nicht mehr.

Irmela Wendt

2. Sonntag nach Trinitatis

Ein falscher Verdacht
Mario ist ein fleißiger und ein guter Schüler. Manchmal nimmt er sogar ein Buch oder ein Heft mit in die Pause und lernt für die nächste Klassenarbeit. Auch heute sitzt er auf einer Mauer und liest in einem Sachkundeheft, was er zum Thema »Post« aufgeschrieben hat. Nebenbei isst er sein Pausenbrot. Silvio und Carsten sind nicht so fleißig wie Mario. Sie rennen in der Pause lieber herum, spielen Fangen und hecken Streiche aus. »Schau mal, der Blödmann lernt schon wieder«, sagt Carsten und zeigt auf Mario. »Der will bestimmt Professor werden.« »Brotfresser ist mir lieber«, sagt Silvio und schiebt das letzte Stück seines Wurstbrotes in den Mund. Er zerknüllt das Papier und nuschelt: »Ich hab eine Idee.« Er flüstert Carsten etwas ins Ohr: »Spitze, das machen wir!« Carsten trinkt seine Milchtüte leer. Dann schlendern die beiden in Richtung Mario. Der ist so in sein Heft vertieft, dass er Carsten und Silvio nicht bemerkt. Sie legen Papier und Milchtüte schnell unter Marios baumelnde Beine und gehen weiter. An der Treppe bleiben sie stehen und beobachten, was geschieht. Frau Ganser und Herr Abelein haben Pausenaufsicht und drehen ihre Runden über den Schulhof. Genau vor Mario bleibt Frau Ganser stehen. Sie tippt ihn an und zeigt nach unten. »Was ist das?« »Weiß ich nicht«, antwortet Mario. »So, das weißt du nicht.« Frau Ganser tut erstaunt. »Wenn ich mich nicht täusche, ist das eine Milchtüte und ein Butterbrotpapier.« »Das ist aber nicht von mir.« »Ach, dann hat das wohl der Wind genau unter deine Beine gepustet.« Mario zieht die Schultern hoch. »Weiß ich nicht. Aber von mir ist es nicht.« Frau Ganser schaut Mario an. »Das hebst du jetzt auf! Und damit du lernst, dass der Abfall in den Abfalleimer gehört, sammelst du alle Milchtüten auf dem Schulhof ein.« Mario rutscht von der Mauer und ist wütend. Silvio und Carsten lachen sich fast kaputt. Als Mario in ihre Nähe kommt, ruft Silvio: »Da liegt

noch eine Milchtüte, du Tüte!« Und wieder lachen die beiden wie verrückt. Mario weiß sofort, dass Silvio und Carsten ihm diesen Streich gespielt haben. Plötzlich fühlt er so viel Wutkraft in sich, dass er sich auf Silvio stürzt und ihn packt. »Sag Frau Ganser, dass ich es nicht war!«, schreit er und schüttelt Silvio. Bevor Silvio etwas tun kann, ist schon Frau Ganser da. »Was machst du denn da?«, fragt sie und zerrt Mario weg. »Zuerst Abfall wegwerfen und dann auch noch schlagen. Das wird ja immer schöner mit dir!« »Der hat den Abfall weggeworfen!«, ruft Mario. »Stimmt das?«, fragt Frau Ganser Silvio. »Der auch«, sagt Silvio und zeigt auf Carsten. »Dann sammelt ihr zwei jetzt sofort allen Abfall auf, der auf dem Schulhof herumliegt.« Die beiden fangen murrend an. »Entschuldigung, Mario«, sagt Frau Ganser.

Manfred Mai
Aus: Ders.: Leselöwen – Schulgeschichten, © Loewe Verlag GmbH, Bindlach 1992

Wer verdient was mit Adidas? Ein Vergleich von Oliver Kahn mit Gloria Delgado

Oliver Kahn Monatsverdienst 540 000,– Euro

Oliver Kahn, Jahrgang 1969, gilt als einer der besten Torhüter der Welt. Durch seinen Vater, der für den Karlsruher SC in der Bundesliga gespielt hatte, kam er zum Fußball. Kahn gilt als sehr ehrgeizig: »Entweder du arbeitest an dir oder es wird nichts«. »Mit der Entscheidung für harte Maloche«, so die Kahn-Website, legte er »den Grundstein für spätere Erfolge«. 1999 wählte man ihn zum Welt-Torhüter. Mit Bayern wurde er drei Mal in Folge deutscher Meister, im Mai 2001 gewannen die Münchner die Champions League. Der FC Bayern weiß, was er an Kahn hat. Seine Dienste lässt sich der FCB 4,5 Mio. Euro im Jahr kosten. Mit Werbeverträgen bringt es Kahn auf einen Jahresverdienst von 6,5 Mio. Euro. Auch adidas, der Sportartikelausrüster der Bayern, weiß, dass das positive Image von Kahn & Co. auch das Image von adidas aufwertet. Der Drei-Streifen-Konzern stieg mit 75 Mio. Euro bei der FC Bayern AG ein.

Gloria Delgado Monatsverdienst 180 Euro

Gloria, 29 Jahre, arbeitet als Näherin in einer mittelamerikanischen Bekleidungsfabrik. Mit ihren vier Kindern im Alter von fünf bis zehn Jahren und ihrem Lebensgefährten wohnt sie in einem 20 m^2 großen Zimmer. Sie steht jeden Tag um 5.15 Uhr auf. Um 7:00 Uhr beginnt die Fabrikarbeit. Je nach Auftragslage muss Gloria bis 19.00 Uhr Überstunden machen. Dann kann sie erst ab 20.00 Uhr das Abendessen für die Kinder bereiten. Danach wäscht sie noch die Kleidung des Tages und holt Wasser vom 400 Meter entfernten Brunnen. Um 22.30 Uhr geht sie schlafen. Sie arbeitet hart. Sie weiß, dass sie ihren Job verlieren wird, wenn sie nicht bereit ist, die geforderten Überstunden zu machen. Die Arbeitsbedingungen sind schlecht: Die Arbeiterinnen werden von Kameras überwacht, sogar in den Toiletten. Das Trinkwasser in der Fabrik ist verschmutzt, Gloria klagt über Magenschmerzen. Zusammen mit den Überstunden verdient sie maximal 180,– Euro im Monat. (Unter www.ci-romero.de finden Sie weitere Informationen über Glorias Alltag.)

Aus: Aktionszeitung »Fit for Fair«. Christliche Initiative Romero e. V. Münster-Roxel 2002.

3. Sonntag nach Trinitatis

Besuch von Nelson Mandela

Der Dienstag begann schon ziemlich aufregend, als ein Filmteam von ap (associated press) mich am Morgen interviewt hat. Pünktlich um 11.45 Uhr war dann der voll Spannung erwartete Augenblick gekommen. Der Hubschrauber mit Präsident Mandela landete hinter der »highschool«. Wir liefen ihm entgegen und er schüttelte uns allen die Hand ...

Zuerst war ich ziemlich nervös und hatte Angst, ich könnte mich irgendwie blamieren. Ich überlegte auch krampfhaft, was ich wohl Intelligentes von mir geben könnte. Dabei hatte ich den Eindruck, den anderen ging es teilweise auch so. Mit der Zeit wurden wir aber alle etwas lockerer. Denn wir merkten, dass dieser berühmte, hochangesehene Held der Antiapartheidsbewegung, Friedensnobelpreisträger und Staatspräsident auch nur ein ganz normaler Mensch ist und selbst überhaupt kein Aufhebens um sich macht. Im Gegenteil: Über die Unterhaltung bei Tisch hätte ich mir auch keine Sorgen machen müssen. Denn Mandela hat die ganze Zeit über erzählt. Und zwar ganz normale Geschichten. Richtig nett und menschlich. Von seinen Enkelkindern zum Beispiel. Dass eine Enkelin sehr hell aussieht und deshalb immer für eine »Coloured« gehalten wird. Und deshalb manche auch ihn selbst schon gefragt hätten, ob er denn nun »schwarz« oder »coloured« sei. Und er ergänzte dann schmunzelnd, das würde ihm sicher helfen, bei den »coloureds« besser anerkannt zu werden. Er erzählte auch davon, wie er im Gefängnis auf Robben Island einen alten Kumpel wieder getroffen hat und sich gewundert hat, weil dieser – wie es das Sprichwort sagt – über Nacht vor Kummer grauhaarig geworden zu sein schien. Darauf angesprochen, lachte der andere und meinte, er hätte nur dort im Gefängnis keine Haarfärbemittel mehr zur Verfügung ...

Nachdem er die Druckerei besichtigt hatte, konnte ich ihn ganz offiziell in der Kirche begrüßen. Dort sollte nämlich die Begegnung mit den Schulkindern stattfinden. Die Kirche war bis auf den letzten Stehplatz besetzt mit den Schülerinnen und Schülern der Grundschule und der »highschool«, sowie deren Lehrerinnen und Lehrern und natürlich auch zahlreichen anderen Interessierten. Die Schulkinder sangen zwei ihrer wunderschönen, ergreifenden Lieder. Sie waren alle sichtbar stolz, ihren Präsidenten persönlich erleben zu können. Dann hielt Nelson Mandela eine kurze Rede in Afrikaans speziell für die Kinder und Jugendlichen, in der er betonte, wie wichtig sie für die Zukunft des Landes sind ...

Um 16.30 Uhr flog er wieder ab, nachdem er unzählige Hände geschüttelt und unvorstellbar viele Menschen begrüßt hatte Er liebt ganz offensichtlich den Kontakt zu den Menschen und das Bad in der Menge.

Aus: Martina Horak-Werz: Fax an Cordula, Gommersheim 2006, ISBN 3-939434-00-0

I have a dream – Martin Luther King

Heute sage ich euch, meine Freunde, trotz der Schwierigkeiten von heute und morgen habe ich einen Traum. Es ist ein Traum, der tief verwurzelt ist im amerikanischen Traum.

Ich habe einen Traum, dass eines Tages diese Nation sich erheben wird und der wahren Bedeutung ihres Credos gemäß leben wird: »Wir halten diese Wahrheit für selbstverständlich: dass alle Menschen gleich erschaffen sind.« Ich habe einen Traum, dass eines Tages auf den roten Hügeln von Georgia die Söhne früherer Sklaven und die Söhne früherer Sklavenhalter miteinander am Tisch der Brüderlichkeit sitzen können. Ich habe einen Traum, dass sich eines Tages selbst der Staat Mississippi, ein Staat, der in der Hitze der Ungerechtigkeit und Unterdrückung verschmachtet, in eine Oase und Gerechtigkeit verwandelt. Ich habe einen Traum, dass meine vier kleinen Kinder eines Tages in einer Nation leben werden, in der man sie nicht nach ihrer Hautfarbe, sondern nach ihrem Charakter beurteilen wird. Ich habe einen Traum, dass eines Tages in Alabama mit seinen bösartigen Rassisten, mit seinem Gouverneur, von dessen Lippen Worte wie »Intervention« und »Annullierung der Rassenintegration« triefen ..., dass eines Tages genau dort in Alabama kleine schwarze Jungen und Mädchen die Hände schütteln mit kleinen weißen Jungen und Mädchen als Brüdern und Schwestern. Ich habe einen Traum, dass eines Tages jedes Tal erhöht und jeder Hügel und Berg erniedrigt wird. Die rauen Orte werden geglättet und die unebenen Orte begradigt werden. Und die Herrlichkeit des Herrn wird offenbar werden und alles Fleisch wird es sehen. Das ist unsere Hoffnung. Mit diesem Glauben kehre ich in den Süden zurück. Mit diesem Glauben werde ich fähig sein, aus dem Berg der Verzweiflung einen Stein der Hoffnung zu hauen. Mit diesem Glauben werden wir fähig sein, die schrillen Missklänge in unserer Nation in eine wunderbare Symphonie der Brüderlichkeit zu verwandeln. Mit diesem Glauben werden wir fähig sein, zusammen zu arbeiten, zusammen zu beten, zusammen zu kämpfen, zusammen ins Gefängnis zu gehen, zusammen für die Freiheit aufzustehen, in dem Wissen, dass wir eines Tages frei sein werden. Das wird der Tag sein, an dem alle Kinder Gottes diesem Lied eine neue Bedeutung geben können: »Mein Land von dir, du Land der Freiheit, singe ich. Land, wo meine Väter starben, Stolz der Pilger, von allen Bergen lasst die Freiheit erschallen.« »Soll Amerika eine große Nation werden, dann muss dies wahr werden.

Aus der Rede Martin Luther Kings vom 28. August 1963 am Lincoln Memorial in Washington.

Kreative Ideen

1. Sonntag nach Trinitatis

Landkarte
Wir arbeiten mit einer großen (selbst gemalten) Landkarte Südafrikas, dazu Infos über Land und Leute (z. B. aus Sportzeitschriften und aus dem Internet: http://www.weltatlas.info/front/pics/Landkarten/landkarte-suedafrika-gross).

Für die Kleinen
Fahnen
Wir bemalen in den Umrissen vorbereitete Fahnen der beteiligten Nationen.

WM-Tipp
Wir geben unseren WM-Tipp: Wer wird Weltmeister? Nach der WM wird ausgewertet. Die richtigen Tipps werden prämiert.

2. Sonntag nach Trinitatis

Fair produzierte Sportartikel kennen lernen
Fairnessregeln erinnern Christen an die Lebensregeln Gottes für eine gerechte Welt. Ohne sie kann das große Spiel des Lebens nicht gelingen. Den Kernbestand dieses Regelwerks nennen wir die Zehn Gebote. Jesus fasst sie zusammen im Doppelgebot der Gottes- und Nächstenliebe. Diese »Spielregeln« hatten großen Einfluss auf die Formulierung der Menschenrechtspakte der Vereinten Nationen. In Deutschland sind sie, wie in der Mehrzahl aller Staaten, geltendes weltliches Recht. Fair play im Welthandel hat mit fair produzierten Sportartikeln zu tun. Dazu kann man einen fair produzierten Ball (siehe Bild, Quelle: www.brot-fuer-die-Welt.de) mit einem von Kindern genähten vergleichen, die Situation der Menschen in den Fabriken beschreiben und zeigen, was öffentlicher Druck bewirkt (heute werden viele Bälle nicht mehr in Kinderarbeit genäht, sondern geklebt). Aktuelle Materialien über Kinder- und Jugendprojekte zum Mitmachen unter www.brot-fuer-die-Welt.de/frieden/index.php. Zum Beispiel die Aktion 32 + X: »Ein handelsüblicher Ball hat heutzutage 32 Teile! Alle Teile sind notwendig. Sonst kann das Spiel nicht beginnen. Auch die Unterstützung durch Gruppen in der Gemeinde, Schulklassen, Lehrer und andere ist wichtig! Ziel der Aktion 32 + X ist es, für jede Wabe eines Balls einen Euro zu sammeln – und vielleicht

sogar noch ein paar Euro mehr. Mit dieser Spende unterstützt »Brot für die Welt« Kinder- und Jugendprojekte, beispielsweise ein Fußballprojekt in Costa Rica.«

Selber Schiri sein: die gelbe und die rote Karte

In Übertragung eines Fußballspiels auf das tägliche soziale Leben kann die Gruppe sich am Beispiel des Schiedsrichters einen Begriff von Gerechtigkeit erarbeiten. Es ist möglich, das Gespräch auf die biblische Rede von Gott Jesus Christus als gerechtem Richter auszuweiten (Psalm 96,13; Mt 25,31–46). Das Gespräch in der Gruppe wird rund um eine gelbe und eine rote Karte moderiert:

»Ob ein Schiedsrichter gerecht ist, entscheidet das ganze Spiel. Wenn Spieler und Fans den berechtigten oder auch unberechtigten Verdacht hegen, dass der Schiri sich fehl- oder gar parteilich entscheidet, gerät die Situation auf dem Fußballplatz leicht außer Kontrolle. Wer hat so etwas auf dem Fußballplatz schon einmal erlebt? Wenn ich Schiri wäre, wann würde ich die gelbe oder rote Karte zeigen?

Nur wenn der Schiedsrichter gerecht ist, ist ein faires Spiel überhaupt erst möglich. Das ist im wirklichen Leben ähnlich. Auch hier gibt es Spielregeln des Miteinanders, das ein fair play ermöglicht. Wer ist hier Schiri? Wem ist es hier ein Herzensanliegen, dass Regeln eingehalten werden? Gibt es Situationen in meinem täglichen Leben, in denen ich gerne anderen die gelbe oder rote Karte zeigen würde? Welches Verhalten wünsche ich mir in der Familie, in der Schule, hier in der Gruppe? Welche Spielregeln müssen eingehalten werden? Und übertragen auf mein ganzes Leben: Wann zeigt Gott mir gelb, wann rot? Wie merke ich das? Oder zeigt Gott niemals die rote Karte (Vgl. Jesaja 50,9; Römer 8,1)?

Im jüngsten Gericht findet der Schrei der Völker nach Gerechtigkeit seine Entsprechung. Nicht Menschen richten hier mehr, sondern allein Gott. Wenn jetzt gilt: Mit Christus in Gott ist unser Leben verborgen (Kol 3,3), so heißt es zum Zeitpunkt des Gerichts: Vor dem Richterstuhl Christi müssen wir alle offenbar werden (2 Kor 5,10). Wir kommen durch Christus zu uns selbst, werden uns selbst offenbar. Gott richtet uns nicht zugrunde, er richtet uns auf. Er wendet sich unserem gelebten Leben noch einmal zu. Unser Leben wird aufgerichtet, groß gemacht und wir werden vom Zwang befreit, uns selbst zu rechtfertigen oder zu verurteilen.«

We are the champions? Und was passiert mit den Losern?

Fan-Gesänge feuern die Spieler während des Spieles an. Nach dem Spiel wird der Sieger häufig mit dem über Lautsprecher übertragenen Lied: »We are the champions« von Queen gefeiert. Die Auseinandersetzung mit dem Refrain in der Tonaufnahme und in der Übersetzung sensibilisiert für die Frage nach dem allgemeinen Verhältnis von »Winnern und Losern« auf dem Fußballplatz und im täglichen Leben. Bei Gott gilt »die Letzten werden die Ersten sein« (vgl. z. B. Mt 20,1–16).

Das Lied kann kurz angespielt werden. Im Anschluss kann ein moderiertes Gespräch geführt werden anhand einer deutschen Übersetzung des Refrains: »Wir sind die Sie-

ger, meine Freunde und wir bleiben dabei: Wir kämpfen bis zum Ende. Wir sind die Sieger, wir sind die Sieger. Keine Zeit für Verlierer, weil wir die Sieger sind, die Sieger der ganzen Welt.«
(Kompletter Liedtext siehe auch www.lyricsfreak.com)

3. Sonntag nach Trinitatis

Meine Bibel-Fußballmannschaft
Eine Mannschaft besteht aus verschiedenen Spielerpersönlichkeiten. Gerade der Einzelne/die Einzelne mit seinen/ihren besonderen Charismen ist wichtig im Zusammenspiel mit der ganzen Mannschaft. Dies entspricht einem Gemeindeverständnis nach 1 Korinther 12, dem Bild vom einen Leib und den verschiedenen Gliedern.

Wir spielen Coach: Um exemplarisch Persönlichkeiten mit ihren besonderen Gaben und Begabungen wahrzunehmen, spielt die Gruppe Coach und stellt eine Fußballmannschaft zusammen. Für den Erfolg einer Mannschaft ist es besonders wichtig, dass der Trainer/die Trainerin seine/ihre Spieler und Spielerinnen gut einschätzen kann. Über das Profil jedes Spielers/jeder Spielerin wird genau diskutiert. Die Neugier auf biblische Personen kann geweckt werden und einige Kenntnisse vermittelt werden, wenn die Fußballmannschaften sich aus »Spielerpersönlichkeiten« aus dem Alten und Neuen Testament zusammensetzen. Dabei stellt sich die Coach-Gruppe Fragen wie: Wer kann wie mitspielen? Wo ist wer am besten aufgestellt? Wer könnte unter Umständen für die Mannschaft ein Problem werden? Wie ließe sich das umgehen? Es geht um Personen wie Kain, Abel, Abraham, Lot, Isaak, Esau, Jakob und seine Brüder, Mose, Aaron, Miriam oder auch Johannes, den Jüngerkreis, Saulus, Paulus usw. Die einzelnen Spieler/Spielerinnen können auf vorbereiteten Kärtchen visualisiert werden unter Angabe ihrer besonderen Fähigkeiten und Fertigkeiten. (Dazu können als Vorbereitung Abbildungen aus einer Kinderbibel kopiert werden.) Auf einem Flip-Chart oder einer (Magnet-)Tafel werden die endgültigen Spieleraufstellungen festgehalten. Wenn »gegnerische« Mannschaften (von zwei Kleingruppen) aufgestellt werden sollen, gibt es verschiedene Möglichkeiten: z. B. eine Mannschaft aus dem Alten spielt gegen eine aus dem Neuen, eine Frauenmannschaft spielt gegen eine Männermannschaft usw.

Welche Mannschaften sind bei der WM beteiligt? Welche Sprache spricht welche Mannschaft?
Bei der WM kommen Menschen unterschiedlichster Muttersprachen zusammen. Oft sprechen schon die Spieler einer Mannschaft mehrere Sprachen. Ein moderiertes Gespräch sensibilisiert zur Wahrnehmung dieser Sprachenvielfalt und regt dazu an, über Verständigungsmöglichkeiten nachzudenken: dazu gehören Weltsprachen wie Englisch, Französisch und Latein, aber auch Verständigungsmöglichkeiten im nonverbalen Bereich und gemeinsame Überzeugungen und Visionen.

Kinder können Bilder von Fußballern mitbringen (Sammelalben) und sich in der Gruppe gemeinsam vergegenwärtigen, welche die Muttersprache des jeweiligen Spielers ist. Die Sprachen können visualisiert werden durch das gleiche Wort in der jeweiligen Sprache: Wie sagt man »Hallo« auf Englisch, Spanisch, Afrikaans, Französisch usw.?

Meine persönliche Weltelf

Wir spielen Coach und stellen eine übergreifende Fußballmannschaft mit Spielern aus *allen* Fußballmannschaften der WM zusammen. Der persönlichen Fußballmannschaft mit Spielern – und Spielerinnen? – aus der ganzen Welt dürfen maximal 3 Spieler oder Spielerinnen aus einem Land angehören. Nicht nur diskutiert die Gruppe exemplarisch über Persönlichkeiten mit ihren besonderen Gaben und Begabungen, sondern muss in diesem Gedankenspiel als »pfingstlicher Coach« Sprachbarrieren und Konkurrenzen zwischen den WM-Gegnern überwinden (Apg 2,1–13). Wie könnte die ideale Weltelf aussehen? Dabei können Fragen eine Rolle spielen wie: Wie gehen ehemalige Gegner, die nun in einer Mannschaft spielen sollen, miteinander um? Wie kann ein Trainer dazu beitragen, Sprachbarrieren zu überwinden und Missverständnisse zu vermeiden? Wie gehen sie mit Konkurrenz um und vielleicht auch der Erinnerung an frühere Fouls? Wann ist diese Weltelf wirklich stark?
Die Gruppe spielt Coach und stellt ihre Fußballmannschaft mit Hilfe einer Fußballzeitung auf oder mit Hilfe von Sammelalben. Bei besonders engagierten Fans kann auch jedes Kind seine persönliche Weltelf zunächst für sich aufstellen (oder zuhause vorbereiten) und sie im Gespräch in der Gruppe innerhalb der genannten Fragestellungen vorstellen.

Für die Kleinen

Weltgemeinschaft – Spiele mit dem Schwungtuch

Kleinere – und größere – Kinder können beim Spiel mit dem Schwungtuch erleben, dass nur ein gegenseitiges Aufeinanderachten zum spielerischen Erfolg führt: wenn sie z. B. das Schwungtuch auf ein verbales Zeichen hin in die Höhe schweben lassen, wenn sie eine Höhle bauen, wenn sie einen Ball auf Zuruf von einem Kind zum nächsten rollen lassen ... Dabei kann die Rolle des Spielführers/der Spielführerin wechseln bis hin zum jüngsten Kind. Um die Welt mit ins Spiel zu bringen, kann als Ball beispielsweise eine aufblasbare Erdkugel benutzt werden.

Stichworte

Freundschaft, Fest, Begegnung, Völkerverständigung, Gerechtigkeit, fair play, das Jüngste Gericht, Rechtfertigung, Pfingsten, Frieden, Gleichberechtigung

Julia und Ralf Neuschwander

»Das Buch Rut« — vom Brot des Lebens

27.06.2010
(4. Sonntag nach Trinitatis)
Das letzte Brot
(Rut 1,1–16)

04.07.2010
(5. Sonntag nach Trinitatis)
Das fremde Brot
(Rut 1,18–2,23)

11.07.2010
(6. Sonntag nach Trinitatis)
Das Brot der Liebe …
(Rut 3,1–18)

18.07.2010
(7. Sonntag nach Trinitatis)
… wird zum Brot der Heimat und »wie ein zu Haus« (Bethlehem)
(Rut 4,1–22)

Aufgrund einer Hungersnot machen sich Noomi und Elimelech auf den Weg in die Fremde, nach Moab. Nach einiger Zeit sterben dort Elimelech und die beiden Söhne. Dann macht sich Noomi mit ihren Schwiegertöchtern erneut auf den Weg. Nur Rut geht bis zum Ziel (Bethlehem) mit. Dabei geht es ums Überleben. In der Heimat von Noomi gibt es Brot für die beiden Frauen.
Mit dem Spiel für den Abschluss der Einheit sollen die Kinder den Weg und die Hungersnot nachvollziehen können, außerdem haben wir eine Vielfalt von Brotsorten im Angebot.

Liturgische Gestaltung

Zusammenkommen – sich Gott zuwenden

Ein Kinderpsalm mit dem Kehrvers (gesungen oder gesprochen):

Guter Gott,
heute Morgen freuen wir uns,
dass wir wieder Kindergottesdienst feiern
und, dass wir uns mit anderen Kindern treffen.
Wir teilen heute Brot und danken Dir dafür.

Kehrvers: Für Speis' und Trank, fürs täglich Brot, wir danken Dir, o Gott.

Guter Gott,
wir bitten Dich für die Kinder bei uns und in anderen Ländern,
die nicht genug zu essen haben.
Hilf, dass es Menschen gibt, die sich um diese hungrigen Kinder kümmern.
Brot für alle soll es geben.

Kehrvers: Für Speis' und Trank, fürs täglich Brot, wir danken Dir, o Gott.

Kurzgeschichten

Tim und Tom

Tim und Tom sind Freunde. Vor einer Woche haben sie sich gestritten. Den Grund dafür wissen beide nicht mehr – aber seither gehen sie sich aus dem Weg.
Heute nun findet der Schulausflug statt. Der Bus kommt. Tom setzt sich gleich neben Paul – Tim bleibt stehen, die Blicke der beiden Jungs treffen sich. Dann setzt sich Tim ganz nach hinten in den Bus.
Nach einer Stunde Fahrt kommen sie am Heidelberger Zoo an. Sie treffen am Eingang die Mitarbeiterin der Zooschule und erfahren viel Interessantes über die einzelnen Tiere. Das neue Elefantenhaus soll für die beiden Elefanten Jenny und Ilona bald gebaut werden. Dann gibt es Mittagspause. Sie setzen sich auf eine Wiese.
Tom packt sein Vesper aus. Leckeres Vollkornbrot mit Schinken belegt und zwei Äpfel hat ihm seine Mutter eingepackt. Tim hat nur seine Wasserflasche dabei. Seine Mutter muss zurzeit viel arbeiten. Sie konnte gestern nicht mehr einkaufen, es war zu spät geworden. Die letzte Scheibe Brot mit ein wenig Butter hat Tim zum Abendbrot gegessen. Außerdem ist das Geld knapp, seit sein Vater vor drei Wochen ausgezogen ist. Und Vater hat noch keines geschickt ... er wohnt weit weg in Hamburg, wo er eine neue Arbeitsstelle gefunden hatte. Eine ganze Weile kam er dann am Wochenende mit dem Zug. Doch da gab's immer großen Streit. Nun ist er weg! Seither gibt es kein warmes Essen mehr, weil Mutter die Heizkostenabrechnung vom letzten Winter bezahlen muss. Tim hat oft Hunger. Auch jetzt. Er hängt seinen Gedanken nach ...
Tom schaut zu Tim hinüber. Da treffen sich ihre Blicke wieder und Tom bemerkt, dass Tim kein Vesper dabei hat. Er steht schnell auf und reicht ihm ein Brot hin: »Willst du ein Brot? Ich habe genug dabei. Einen Apfel kannst du auch noch haben.« Tim zögert ... dann sagt er leise: »Danke!« »Was ist los?«, will Tom wissen. Tim erzählt und erzählt, was in den letzten Wochen so alles passiert ist. Tom meint: »Du könntest

mal wieder zum Spielen kommen. Und hast du Lust, in den Sommerferien ein Baumhaus mit mir zu bauen?«
Und ob Tim Lust hat – nächste Woche wollen sie gleich damit anfangen.

Beate-Michaela Jöst

Kreative Ideen

Rut-Spiel

Als Abschluss der Einheit kann das *Rut-Spiel* mit den Kindern vorbereitet und gespielt werden.
Dabei sollen die Kinder den Weg nachvollziehen, den Noomi und Rut gegangen sind. Sie wiederholen dabei die ganze biblische Geschichte. Auch sollen die Kinder anhand der verschiedenen Brotsorten die Vielfalt des Nahrungsmittels kennenlernen und probieren, denn viele Kinder essen nur, was sie auch kennen.

Vorbereitung des Spiels
Den *Spielplan (siehe S. 71)* für je 4–6 Kinder auf DIN A4 kopieren. Bei schönem Wetter kann man den Spielplan in einem Pfarrgarten mit Steinen markieren (die Ereignisfelder mit einer Zahl beschriften) oder in einem Hof mit Straßenkreide aufzeichnen. Das Spiel eignet sich auch für einen Aktionstag oder für ein Gemeindefest.
Als Spielfiguren eignen sich Figurenkegel aus Holz oder Weinkorken, die zuvor bemalt und beklebt werden. Im Freien können immer zwei Kinder ein Paar bilden. Eines (mit einem Tuch gekennzeichnet) ist die »Spielfigur«, das andere Kind würfelt. Oder beide spielen als Paar Noomi und Rut und würfeln abwechselnd. Ein Würfel wird benötigt pro Gruppe.
Ein Brot oder ein Kuchen kann bereits an einem Sonntag zuvor mit den Kindern gebacken werden, im Gefrierschrank ist dies gut aufzubewahren.
Einkaufen: Knäckebrot, Zwieback, Cracker, Prinzenrolle, Butterkekse, Taler aus Pumpernickel, Bauernbrot, Vollkornbrot, Gugelhupf oder einen anderen Kuchen oder Muffins (jede Brotsorte in ein Körbchen richten, Anzahl je nach Anzahl der Kinder), eine Kiste Sprudel und Becher für jedes Kind.

Spielregel
Die Augenzahl 1, 2 und 3 auf dem Würfel wird entsprechend gefahren, kommt ein Ereignisfeld, wird immer gestoppt, Text gelesen und Brot gegessen. Bei den Augenzahlen 4 bis 6 muss der Spieler warten und aussetzen. Dies soll den mühsamen und langen und langsamen Weg zu Fuß verdeutlichen. Beliebig viele Kinder können auf einem Spielfeld stehen, keiner muss zurück zum Start.
Sind alle Kinder am Ziel angelangt (alle sind »Gewinner«), gibt es ein kleines Fest mit Kuchen oder Muffins.
Viel Spaß!

Ereignisfelder
1. Noomi und Elimelech kommen mit ihren Söhnen in das fremde Land Moab. Hier haben sie wieder Brot zum Leben. Viele Jahre leben sie da. (Bauernbrot essen)
2. Durch den Tod von Elimelech und den beiden Söhnen haben Noomi und ihre beiden Schwiegertöchter nur noch wenig Brot. (Butterkeks essen)
3. Es gibt im ganzen Land eine Hungersnot. *(1 x aussetzen)*
4. Noomi, Rut und Orpa haben auch Hunger. *(1 x aussetzen)*
5. Noomi packt ihre Sachen, sie will zurück in ihre Heimat Bethlehem. Rut und Orpa kommen mit. Ein wenig trockenes Brot essen sie zur Stärkung. *(Zwieback essen)*
6. Die Frauen kommen nur langsam vorwärts. In der Wüste machen sie Pause und essen etwas »Reisebrot«. Dann geht Orpa zurück, sie will in Moab bleiben. *(Knäckebrot essen)*
7. Auf einem Berg ruhen sie sich aus und trinken einen Becher Wasser. *(Sprudel trinken)*
8. Bevor sie den Jordan überqueren, stärken sich Noomi und Rut mit dem letzten Brotvorrat. *(Cracker essen)*
9. Die beiden Frauen sind in Bethlehem angekommen. Rut sammelt Ähren auf dem Feld von Boas. Wie gut schmeckt das frische Brot, das Noomi gebacken hat! *(Vollkornbrot essen)*
10. Rut arbeitet auf dem Feld von Boas, es gibt täglich gutes Brot. *(Pumpernickel essen)*
11. Das Leben wird »süß«. Boas verliebt sich in Rut und will für sie und Noomi sorgen. *(Prinzenrolle essen)*
12. Rut und Boas feiern ihr Hochzeitsfest. Es gibt Kuchen für alle und sie stimmen ein Loblied an, z. B. »Vom Aufgang der Sonne ...« *(Kuchen oder Muffins essen)*

Stichworte
Brot, Hunger/Hungersnot, Teilen, Weg

Beate-Michaela Jöst

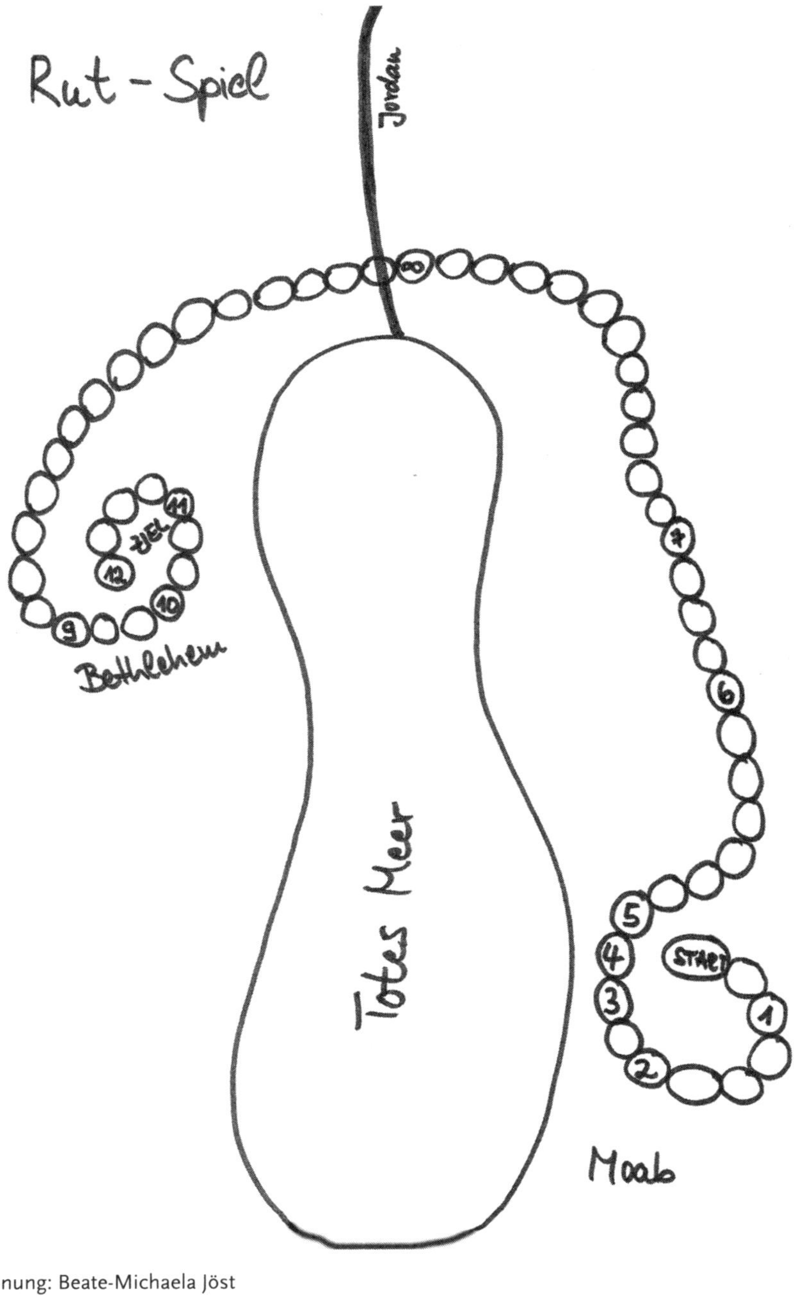

Zeichnung: Beate-Michaela Jöst

TOP SECRET
Geheimsache Jesus

25.07.2010
(8. Sonntag nach Trinitatis)
Johannes der Täufer
und der Messias
(Markus 1,2–8.14–15)

01.08.2010
(9. Sonntag nach Trinitatis)
Die Tochter des Jairus
(Markus 5,21–24a.35–43)

08.08.2010
(10. Sonntag nach Trinitatis)
Der blinde Bartimäus
(Markus 10,46–52)

15.08.2010
(11. Sonntag nach Trinitatis)
Der Hauptmann am Kreuz
(Markus 15,22–39)

»Sagt es niemandem«, schärft Jesus den Umstehenden ein, als das zwölfjährige Mädchen wieder neben ihm steht. Doch die Menschen schreien lauthals ihre Erwartungen an Jesus heraus – so wie der blinde Bartimäus: »Du Sohn Davids, erbarme dich meiner!«
Viele wissen es: Jesus ist der, den die Propheten angekündigt haben – der Messias, der Frieden und Heil bringen wird. Johannes geht ihm voraus.
Doch Vorsicht! Jesus ist nicht ein Wunderheiler, der einfach das tut, was die Menschen von ihm wünschen und erwarten. Wer ihn verstehen will, muss sich ganz auf seinen Weg einlassen, einen Weg des Anstoßes und der Erniedrigung. Nur wer diesen Weg mitgeht, lüftet die »Geheimsache Jesus« – so wie der Hauptmann, der erst am Kreuz plötzlich erkennt: »Wahrlich, dieser Mensch ist Gottes Sohn gewesen!«
Markus legt in seinem Evangelium großen Wert darauf, dass sich die Bedeutung Jesu nur vom Glauben her erschließt. Von der ersten Zeile seines Evangeliums an ist der Leser darüber informiert, wer Jesus ist: *Dies ist der Anfang des Evangeliums von Jesus Christus, dem Sohn Gottes (Mk 1,1)* – doch erzählt Markus seine Geschichte von Jesus so, dass sich erst Stück für Stück Jesu Messianität offenbart.
Messias (hebräisch *Maschiach,* griechisch *christos)* bezeichnet ursprünglich den durch Salbung in Gottes Auftrag eingesetzten König Israels. Vorbildlich in dieser Rolle galt David. Die Menschen hoffen, dass in der Herrschaft des »Gesalbten« Gottes heilbringende Herrschaft Wirklichkeit werden wird – Gott steht zu seinen Zusagen und wird eines Tages den eigentlichen »Sohn Davids« senden, den Messias/den Christus. In ihm werden alle Verheißungen ihre Erfüllung finden. Zur Zeit Jesu verbanden sich machtpolitische Hoffnungen mit dem Messias. Das lehnt Jesus ab, dennoch wird er vom Römer Pontius Pilatus im politisch-revolutionären Sinn verurteilt.
Die christliche Gemeinde deutet vom Kreuzestod her den Messiastitel neu: Durch sein Sterben am Kreuz hat Jesus von Nazareth sein messianisches Werk vollbracht. Er hat die Schuld der Menschen getilgt und Gott hat sich in der Auferstehung zu ihm bekannt als dem »Christus«.

Liturgische Gestaltung

Zusammenkommen – sich Gott zuwenden

(für die gesamte Einheit)

Gebet nach Psalm 93 mit Kehrvers

Der Kehrvers kann auch gesungen werden (EG 337)

Gott ist König.
Die Erde hat er fest gegründet,
sie stürzt nicht zusammen.

Kehrvers: Lobet und preiset, ihr Völker, den Herrn,
freuet euch seiner und dienet ihm gern.
All ihr Völker, lobet den Herrn.

Gott, länger als wir je denken können,
bist Du schon da.
Vor allem Anfang bist Du – ewig.

Kehrvers

Mit starker Kraft erhebt sich die Natur,
Wellen schlagen und Stürme brausen.
Doch am mächtigsten bist Du, Gott.

Kehrvers

Darum vertrauen wir Dir,
heute und alle Zeit.
Amen.

Kehrvers

Hören – Antworten – Gestalten (für die gesamte Einheit)

Klagegebet

In einem Korb liegen »Klagesteine« (große und kleine Kiesel). Die Kinder legen je einen Stein auf den Altar/in die Mitte und nennen dabei, was sie traurig macht oder was ihnen nicht gefällt (1.–3. Sonntag).

Im gemeinsamen Singen nehmen die Kinder den Ruf des blinden Bartimäus auf:
Erbarme Dich! (Evangelisches Gesangbuch, Nr. 178.10)

Gemeinsamer Gebetsabschluss
Herr Jesus Christus, Du bist für uns da,
wenn wir traurig sind und wenn wir fröhlich sind,
wenn wir schwach sind und wenn wir stark sind.
Das lass mich jetzt spüren. Ich danke Dir. Amen.

Lied (zur ganzen Reihe)
Eines Tages kam einer ... (aus: Andreas Ebert , Das Kindergesangbuch, München 2003 [6], Nr. 45)

Sendung – Segen (für die gesamte Einheit)

Das jeweilige Christus-Symbol des Sonntags (s. o.) wird in die Mitte/auf den Altar gelegt.

Segen
Gott segne uns in Jesus Christus.
Er sei der Weg, auf dem wir gehen.
Er öffne uns die Augen, damit wir die Schönheit der Welt sehen
und auch das Leid, wenn Menschen uns brauchen.
Er halte uns fest vom Anfang bis zum Ende unseres Lebens. Amen.

Kurzgeschichte

Johannes der Täufer und der Messias

Johannes spürte, dass Gott ihn als Boten zu seinem Volk senden wollte. Er erkannte, dass es seine Aufgabe sein sollte, das Volk Israel auf den Retter vorzubereiten.
Johannes wollte in aller Stille über seine Aufgabe nachdenken. Er ging darum in eine einsame Gegend. Es war eine Wüste, durch die sich der Fluss Jordan in einem Tal hindurchschlängelte.
Johannes hatte sich keine Vorräte zum Essen mitgenommen und auch kein Geld. Von

Geld hielt er sowieso nicht viel. Es war ihm nicht wichtig, reich zu sein. Er hatte nur ein Wolltuch aus Kamelhaaren, aus dem er sich mit einem Gürtel ein Gewand machte. Er suchte sich in dieser einsamen Gegend die Nahrung, die sich dort finden ließ. Es gab im Gras am Jordan Heuschrecken. Die fing Johannes und röstete sie am Feuer. In manchen hohlen Bäumen gab es wildlebende Bienen. Er holte sich aus den Bäumen den Honig. Das reichte ihm zum Essen. Die meiste Zeit brachte er zu mit stillem Nachdenken.
Eines Tages ging er dorthin, wo der Jordan recht flach war. An dieser Stelle konnte man ihn überqueren. Hier kamen täglich viele Menschen vorbei, denn die Handelskarawanen gingen hier durch den Fluss. Als wieder eine Gruppe von Menschen den Fluss durchschreiten wollte, redete er sie an: »Meint ihr, dass Gott an euch Freude hat? Gott will, dass die Welt sich ändert. Es gibt viel zu viel Unrecht und Not. Gott will ein Reich des Friedens in der Welt aufrichten. Fangt doch bei euch selbst an. Ändert alles in eurem Leben, was Gott nicht gefällt. Ich bin sein Bote. Ich will euch auf die Ankunft des Retters vorbereiten.« Die Leute fragten: »Was willst du denn von uns? Was sollen wir tun?« Johannes sagte: »Das werdet ihr doch wohl selbst am besten wissen. Wer zum Beispiel zwei Hemden hat, der kann doch eins abgeben, sobald er einen Menschen ohne Hemd trifft. Wer etwas zu essen hat, der kann mit anderen teilen, die hungrig sind. Sorgt dafür, dass es in unserem Land gerechter zugeht. Es genügt doch nicht, dass ihr euch darauf verlasst: Gott hat uns lieb, wir sind ja das Volk, das von Abraham abstammt. Gott hat genauso auch die Menschen anderer Völker lieb. Doch wenn ihr wirklich tun wollt, was Gott will, dann ändert euer Leben.« Die Leute waren sehr beeindruckt durch die mutigen Worte. Viele sahen ein, dass Johannes recht hatte ... Täglich kamen viele Leute zu Johannes. Er wurde inzwischen Johannes der Täufer genannt. Manche Leute sagten zueinander: »Vielleicht ist Johannes selbst der Retter, den Gott senden will.« Als Johannes das hörte, wies er es ganz entschieden zurück. »Nein«, sagte er, »ich bin nur der Bote. Doch bald wird der Retter mitten in unserem Volk erscheinen, um Gottes Friedensreich in dieser Welt anbrechen zu lassen. Er ist viel bedeutender als ich.«
Jesus spürte, dass auch er nun nicht länger als Zimmermann arbeiten durfte. Gott hatte einen wichtigen Auftrag für ihn. Jesus merkte, dass er den Menschen sehr viel über Gott zu sagen hatte, weil die meisten Menschen Gott nicht kannten oder ganz falsch verstanden. Jesus spürte, dass die Welt sich nur ändern würde, wenn er den Menschen Gottes Botschaft sagte, die er bis jetzt in seinem Herzen und in seinen Gedanken bewahrt hatte. Jesus legte eines Tages Axt und Säge beiseite und brach auf aus Nazareth. Auch er ging erstmal zu Johannes. Als Jesus aus der Menschenmenge heraus auf Johannes zuging, war es Johannes mit einem Mal ganz klar, was er vorher nur geahnt hatte: Jesus ist der von Gott gesandte Retter. Stumm sahen sich die beiden Männer in die Augen. Beide waren von dem gleichen Gedanken erfüllt. Beide Männer dachten: »Ich will nur tun, was Gott will, damit Gottes Herrschaft in dieser Welt anbricht.« ...

Aus: Wilfried Pioch: Die neue Kinderbibel. Mit Kindern von Gott reden,
Illustration: Eva Bruchmann, , S.94–96

Kreative Ideen

Wie überhaupt in der Antike liebten auch die Christen die symbolische Ausdrucksweise. Die Symbole stellten ihnen ihren Glauben deutlich sichtbar vor Augen.
Die ersten Christen lebten in einer vorwiegend heidnischen und feindseligen Gesellschaft. Während der Verfolgung durch Kaiser Nero (64 n. Chr.) wurde ihre Religion als »fremdartiger und illegaler Aberglaube« angesehen. Die Heiden misstrauten den Christen und hielten sich von ihnen fern, verdächtigten oder klagten sie schlimmster Verbrechen an.
Da die Christen ihren Glauben nicht offen bekennen konnten, benutzten sie Symbole, die sie an die Wände der Katakomben malten oder in Platten einritzten, die christliche Gräber verschlossen.

Jedes *Christus-Symbol* bringt einen jeweils anderen Aspekt des Glaubens zum Ausdruck. Vier der bekannten Christus-Symbole werden an den jeweiligen Sonntagen aufgegriffen und einer Geschichte zugeordnet.

8. Sonntag nach Trinitatis: Johannes der Täufer und der Messias

Das Christus-Monogramm in Ton(erde)
Das Christus-Monogramm wird aus zwei griechischen Buchstaben gebildet, dem ineinander geschriebenen X(Chi) und ρ(Rho). Es sind dies die beiden ersten Buchstaben des griechischen Wortes Χριστός, also Christus.

a) Weglandschaft
Die Kinder bauen mit Naturmaterialien eine Landschaft auf: Wüste und Steine, Fluss (Tücher) und Pflanzen. In die Landschaft bauen sie einen Weg aus Ton ein.
Dazu wird aus Ton eine lange Rolle von ca. 4 cm Durchmesser geformt und auf maximal 1 cm dick flach gewalzt. Der Weg wird in die Landschaft gelegt.

b) Erzählen
Der Erzähler/Die Erzählerin beginnt die Geschichte von Johannes dem Täufer und Jesus mit Bezug zu Markus 1,1: »Ich erzähle euch den Anfang der frohen Botschaft von Jesus Christus.« Dabei ritzt oder prägt er/sie deutlich das Christusmonogramm in den Weg aus Ton(erde) ein.

c) Gespräch
Was werden Johannes und die Menschen am Jordan und in den Städten von Jesus erwarten? Die Kinder tauschen sich darüber aus.

d) Das Christus-Monogramm
Die Kinder begeben sich nun selbst auf den Weg. Sie ritzen oder prägen in die Tonerde das Christus-Monogramm ein. In der fremden Schrift begegnet es ihnen zunächst als »Geheimzeichen«. Sie erfahren, dass die ersten Christen ihren Glauben nicht offen bekennen konnten (s. o.).
Die Kinder schneiden ihr Zeichen aus dem Tonweg aus und verarbeiten die Kanten. Die nun entstandenen Tonschilde können luftgetrocknet werden oder besser noch im Brennofen gebrannt werden (viele Kunstschulen und Grundschulen verfügen über Brennöfen).
Material: Ton, Teigrolle, Küchenmesser, dicke Stricknadeln zum Einritzen

9. Sonntag nach Trinitatis: Die Tochter des Jairus

Mit Alpha und Omega eine Osterkerze gestalten

Alpha und Omega sind der erste und der letzte Buchstabe des griechischen Alphabets. Sie sagen aus, dass Jesus Christus Anfang und Ende aller Dinge und unseres Lebens ist. Alpha und Omega symbolisieren, dass Jesus Christus den Tod überwunden hat, wie er gesagt hat: Ich bin die Auferstehung und das Leben. Wer an mich glaubt, wird leben (Joh 11,25).

a) Hinführung
Die (gebrannten) Christus-Monogramme liegen als Weg aufgereiht in der Mitte. Wir erinnern uns daran, was die Menschen von Jesus Christus erwarteten (s. o.).
Am Ende des Weges ist das Haus des Jairus angedeutet.

b) Erzählen
Die Erzählung kann mit Erzählfiguren unterstützt werden. Dabei werden den Trauernden und Hoffnungslosen schwarze Tücher umgelegt. Am Ende der Erzählung werden die schwarzen Tücher abgelegt und eine Kerze entzündet.

c) Gespräch
Die Kinder tauschen sich darüber aus, warum Jesus den Umstehenden verbietet, nichts weiter zu erzählen – und ob dies überhaupt möglich ist.

d) Alpha und Omega
Die Kinder gestalten gemeinsam eine Osterkerze für die Kirche. Aus Wachsplatten werden die Buchstaben Alpha und Omega ausgeschnitten und aufgedrückt, dazu die

Jahreszahl des kommenden Osterfestes (2011). Auf der Rückseite der Kerze können Motive aus der Geschichte der Tochter des Jairus oder von Ostern mit Wachs gestaltet werden. (Die Osterkerze wird später im Ostergottesdienst von den Kindergottesdienstkindern in die Kirche getragen und so lange verwahrt.)
Material: große Kerze/Altarkerze (Kirchenbedarf), Wachsplatten, Küchenmesser

10. Sonntag nach Trinitatis: Der blinde Bartimäus

Der Fisch in Stein
Das griechische Wort für Fisch ist ἰχθύς (ichthýs). Die Buchstaben enthalten ein kurz gefasstes Glaubensbekenntnis **Ι**ησούς **Χ**ριστός **Θ**εού **Υ**ιός **Σ**ωτήρ: Jesus Christus Gottes Sohn Erlöser.
Schon früh wurde der Fisch ein weitverbreitetes Symbol für Christus, Kennzeichen und Bekenntnis des christlichen Glaubens und Symbol derer, die Jesus Christus nachfolgen. Bartimäus hat an sich selbst die Bedeutung dieses Bekenntnisses erleben können. Von ihm wird erzählt: ... und sogleich wurde er sehend und folgte Jesus nach.

a) Hinführung
Die (gebrannten) Christus-Monogramme liegen wieder als Weg aufgereiht in der Mitte. Wir erinnern uns an die Erzählungen der vorangegangenen Sonntage. An dem einen Ende des Weges ist mit Klötzen die Stadt Jericho angedeutet.

b) Erzählen
Auch diese Erzählung kann wieder mit Erzählfiguren unterstützt werden (s. o.).

c) Rollenspiel
Die Kinder spielen die Geschichte und empfinden nach, was Bartimäus erlebt.

d) Der Fisch
Die Kinder bemalen die Kieselsteine (s. o. Hören – Antworten) mit dem Fischzeichen. Mit bunten Acrylfarben bemalt, können sie in in den Weg mit den Chistus-Monogrammen gelegt werden.
Material: Kiesel (vom 1.–3. Sonntag), Acrylfarben, Pinsel

11. Sonntag nach Trinitatis: Der Hauptmann am Kreuz

Das Kreuz als Anhänger
Keineswegs das älteste Symbol ist das Kreuz, dennoch das bekannteste christliche Symbol. Es erinnert daran: Jesus Christus hat den Tod überwunden. Wer an ihn glaubt,

wird nach dem Tod ein neues Leben bei ihm haben. Darum wird das Kreuz auch oft als Lebensbaum dargestellt. Das Kreuz – zunächst grausames Zeichen des Todes – wird zum Hoffnungszeichen.

a) Hinführung
Die (gebrannten) Christus-Monogramme mit den Kieselsteinen liegen wieder als Weg aufgereiht in der Mitte. Wir stellen an den Weg mit Hilfe der Erzählfiguren die Menschen, von denen wir an den vergangenen Sonntagen gehört haben: Johannes, Jairus und seine Tochter, Bartimäus, dazu die JüngerInnen und andere, die zugeschaut haben.

b) Erzählen und Nachdenken
Zur Erzählung wird ein Holzkreuz an das Ende des Weges gelegt. Erster Teil der Erzählung bis Vers 27. Wir denken miteinander nach, was die einzelnen Menschen, die wir an den Weg gestellt haben, empfinden. Zweiter Teil der Erzählung bis Vers 37, dabei nimmt der Erzähler/die Erzählerin langsam alle Figuren bis auf eine weg bzw. stellt sie entfernt vom Kreuz, bis zum Schluss, Vers 39, nur die eine Figur stehen bleibt. (Nach einer Pause kann der Erzähler/die Erzählerin die Osterkerze (s. o.) entzünden).

c) Das Kreuz
Die Kinder erzählen weiter von Ostern.
Dann fertigen sie aus Speckstein einen je eigenen Anhänger an. Das kann die klassische Kreuzform sein oder auch in Form eines Lebensbaumes.
Material: Speckstein (Künstlerbedarf), Bastelsägen, Feilen, Riffelraspeln

Für die Kleinen
Bilder: Bibel-Illustrationen von Kees des Kort
Reihe: Was uns die Bibel erzählt
»Jesus besiegt den Tod«
»Bartimäus«

Stichworte
Jesus Christus, Messias, Christus-Symbole, Alpha und Omega, Anfang und Ende, Fisch, Kreuz, Ostern, Auferstehung

Gudrun Luise Helm

Klein, aber oho! Das Kleine kommt groß raus bei Jesus

22.08.2010
(12. Sonntag nach Trinitatis)
Das kleine Senfkorn.
(Markus 4,30–32)

29.08.2010
(13. Sonntag nach Trinitatis)
Die kleinen Kinder
(Markus 10,13–16)

05.09.2010
(14. Sonntag nach Trinitatis)
Die kleine Gabe
(Markus 12,41–44)

Die drei Texte dieser Einheit sind »Augentheologie Jesu« pur. Denn in ihnen wirbt Jesus darum, das Kleine, Wertlose, Unscheinbare und Nutzlose mit Gottes Augen zu sehen: Das für den Garten nutzlose winzige Senfkorn, die die Botschaft vom Reich Gottes störenden Kinder, den für die gemeinsame Tempelbaukasse unerheblichen Geldbetrag der Witwe. Jesus lädt ein: »Seht doch, was Gott schon sieht!« Es wird euch überraschen, überwältigen, erstaunen und verändern. Oho! Ihr werdet neu hoffen, neu glauben und neu lieben!
Seht schon jetzt im wild wachsenden Senfkorn, wie Gottes verheißene Verwandlung der Welt überraschend und überwältigend kommen wird. Und alle Völker werden sich sammeln (vgl. Ez 17,11–24), wie die Vögel unter dem Schatten des Senfbaumes.
Habt Mut, euch auf diese große Hoffnung einzulassen.
Seht schon jetzt in den Kindern die Menschen, wie Gott sie in seinem Reich haben will: Menschen, die Gottes mütterliche und väterliche Zuwendung und Segen mit Freude empfangen. Menschen, die ganz in der Gegenwart leben und doch wachsen.
Seht doch schon jetzt in den Kindern ein Modell für euren Glauben. Werdet so, wie die Kinder jetzt sind. Habt Mut zum Glauben der Kinder!
Seht schon jetzt in dem quantitativ Geringen der Witwe die Qualität ihres Gebens:
Sie gibt frei und unbesorgt ihr Überlebensgeld an andere, weil sie von Gott Hilfe erwartet. Habt Mut, wie die Witwe anderen Gutes zu tun, weil Gott für euch sorgen wird.
Die drei Gottesdienste laden Kinder ein, ihre Augen für diese neue Perspektive Gottes staunend zu öffnen.

Liturgische Gestaltung

Zusammenkommen – sich Gott zuwenden

Augen-Psalm

Den Kehrvers sprechen alle mit Bewegungen.

sehen:	Hände wie ein Fernglas vor die Augen halten
zwinkern:	einander zuzwinkern
lachen:	mit den Augen und dem Mund lachen
schließen:	Augen einen Augenblick schließen.
staunen:	Augen weit öffnen und »oho« rufen

Die einzelnen Verse können von Mitarbeitern/Mitarbeiterinnen oder Kindern gelesen werden.
Vers 3 kommt am 2. Sonntag dazu, Vers 4 am 3. Sonntag.

Kehrvers: Gott, Du hast meine Augen wunderbar geschaffen.
Ich kann sehen. Ich danke Dir.

Ich sehe, was vor Augen ist.
Das Kleine ist klein und das Rote ist rot.

Kehrvers: Gott, Du hast meine Augen wunderbar geschaffen.
Ich kann sehen und zwinkern. Ich danke Dir.

Ich sehe die Blumen und Bäume.
Die Samenkörner und die Früchte der Erde.

Kehrvers: Gott, Du hast meine Augen wunderbar geschaffen.
Ich kann sehen und zwinkern und lachen. Ich danke Dir.

Ich sehe die Menschen, alte und junge,
große und kleine, fröhliche und weinende.

Kehrvers: Gott, Du hast meine Augen wunderbar geschaffen.
Ich kann sehen und zwinkern und lachen und sie schließen. Ich danke Dir.

Ich sehe Menschen, arme und reiche,
Menschen, die gerne geben, und solche, die raffen.

Kehrvers: Gott, Du hast meine Augen wunderbar geschaffen.
Ich kann sehen und zwinkern und lachen und sie schließen und staunen. Ich danke Dir.
Amen.

Hören und Antworten

Kollekten-Prozession
Ein besonderer Kollektenkorb steht auf/vor dem Altar.
Zum Lied: »Viele Kleine Leute, die viele kleine Schritte tun« ziehen alle in einer Prozession zum Altar und legen ihre Kollekte in den Korb.

Ein Kind kann beten:

Gott, Du siehst Menschen in Not.
Wir bringen unsere Kollekte.
Sie ist bestimmt für …
Danke, dass wir von Dir so viel haben.
Wir geben etwas davon ab, damit geholfen wird.
Mach diese Kollekte zum Segen für …

Liedstrophe zwischen den Fürbitten
Gib uns Augen, die sehen, und Ohren, die verstehn,
Deine neue Welt in dem Kleinen zu sehn.
Gott gib uns Mut, neue Wege zu gehn.

Text: Dirk Schliephake, Musik: Bernd Schlaudt, Gib uns Ohren, siehe S. 22.

Kurzgeschichte

Alle starrten auf Christian. Mit roten Wangen saß er an seinem Schultisch. »Nun Christian, fragte die Klassenlehrerin, und welchen Schatz hast du mitgebracht?« Jedes Kind sollte heute einen Schatz mitbringen für eine gemeinsame Klassen-Schatzkiste. Schon vor der ersten Stunde waren einige Mädchen so aufgeregt, dass sie von einem Bein auf das andere hüpften. Dann war es so weit. Nacheinander wurden die Schätze gezeigt. Erst durften die anderen etwas dazu sagen und dann die Schatzbesitzerin ihre Schatzgeschichte erzählen.
Sehr viele Puppen waren dabei, ein Eishockeyhandschuh, ein Fernglas, ein Glitzerstein und ein Foto. Als Letzter war nun Christian an der Reihe. Die ganze Zeit hatte er kein einziges Wort gesagt. Er sagte eigentlich nie etwas. Nun kramte er in seiner Schultasche. Kramte und kramte. Einige Jungs wurden schon ganz ungeduldig. Doch dann zog Christian seinen Schatz heraus und legte ihn vorsichtig vor sich auf den

Tisch. »Iih, was ist das denn!«, kreischten gleich einige Mädchen los. »Wohl zu heiß gewaschen«, plärrte Safri laut. Christian sagte nichts. Vor ihm lag ein flaches, fellloses Stofftier, das wohl mal ein Hund gewesen war. »Da hilft auch kein Frisör«, kicherte Mia. »Christian, nun erzähl uns die Geschichte zu deinem Schatz«, unterbrach die Lehrerin das Getuschel. Christian schluckte dreimal. Gleich würde er losheulen, das konnten alle sehen. Doch dann legte er ganz zart seine Hände auf das Stofftier. »Das ist mein Schatz: mein Hund. Mein großer Bruder hat ihn mir geschenkt. Mein Bruder ist aber gestorben. Der Hund ist das Einzige, was ich von ihm habe.«
Im Klassenraum wurde es ganz still. Das hatte niemand gewusst. Christian hatte nie davon erzählt. Vielleicht war er deswegen immer so schweigsam.
In der Pause standen alle um Christian herum. »Das ist echt mutig von dir, uns das zu erzählen. Cool, dass du in unserer Klasse bist. Wir sehen dich jetzt mit ganz anderen Augen.«

Dirk Schliephake

Kreative Ideen

1. Sonntag

Nestbauaktion – so wird es sein im Reich Gottes
Ein Senfkorn betrachten. Vor unseren Augen ist es klein. Winzig klein.
Aber Jesus sagt: »Seht genau hin. Seht ganz genau hin.
So, wie mit diesem Senfkorn etwas Großartiges geschehen wird, ganz überraschend, so wird auch Gottes Reich großartig kommen.
Und alle Menschen werden wie Vögel in einem Nest im Schatten der Zweige des Senfbaums leben.
Seht ihr schon, wie es sein wird? Seht ihr schon, was Gott sieht?«

Drinnen: Jeder baut sich ein Nest aus Kissen, Decken und Tüchern.
Draußen: Jeder baut sich ein Nest aus Stroh (vom Landwirt besorgen) unter einem Baum.
Nesterfahrungen austauschen.
Metaphern bilden: Mein Nest ist wie ...

Lied: Das Senfkorn ist winzig

Text und Melodie: Burghard Krause, © beim Autor

Lied: Gottes Hand hält uns fest wie ein Vogel im Nest

Text und Musik: Bernd Schlaudt, in: Das Liederheft für Kirche mit Kindern, KIMMIK 36, 13 oder in: Das Kindergesangbuch, München

2. Sonntag

Segensstationen – gerufen, umarmt und gesegnet im Reich Gottes
Jesus ruft Kinder zu sich. Sie haben das Recht auf die Nähe Gottes. Sie sind Menschen, die Gott in seinem Reich haben will.
Seht genau hin, sagt Jesus. Sie sind bei Gott willkommen. Und er rief sie und herzte sie und legte die Hände auf sie und segnete sie.

Segen ist gute, heilende, ermutigende Lebenskraft Gottes. Auch wenn Menschen Segensworte sprechen: Es ist immer allein Gott, der segnet.
Segen ist kein Gebet und richtet sich nicht an Gott, sondern spricht Menschen direkt an. Segen ist wirksame Verheißung: Gott spricht: Ich will mit dir sein!

An verschiedenen Stationen – möglichst in der Kirche – können Kinder die Nähe Gottes im Segen erleben und anderen schenken.

1. Station
Eine Mitarbeiterin ruft ein Kind, das die Augen verbunden hat, zu sich.
»Komm, Anna.« Sie empfängt das Kind mit offenen Armen. »Du bist willkommen.«
Nun rufen sich Kinder gegenseitig und tauschen ihre Erfahrungen aus.

2. Station
Eine Mitarbeiterin ruft ein Kind und legt sanft ihre Hände auf die Schultern des Kindes und spricht: »Du gehörst dazu.«
Nun sind die Kinder an der Reihe und tauschen ihre Erfahrungen aus.

3. Station
Eine Mitarbeiterin ruft ein Kind zu sich und legt ihre Hände segnend auf den Kopf des Kindes und spricht:
»Gott segne dich und behüte dich.« Oder ein anderes Segenswort.
Nun sind die Kinder an der Reihe.

Lied: Sei behütet auf deinen Wegen
Text: C. Bittlinger, Musik: Bittlinger/Vogt, in: Das Liederheft für Kirche mit Kindern, KIMMIk 36, 56

3. Sonntag

Kollektenprojekt – Not sehen – gerne geben – diakonische Verantwortung einüben
Ein 1-Cent-Stück betrachten. Was kann man dafür kaufen? Wenig? Nichts? Für die Witwe war es das Geld, das sie zum Überleben hatte. Und trotzdem verschenkt sie es für eine gute Sache.
Jesus sagt: Seht dieses kleine Geldstück. Auf den ersten Blick ist es nichts wert.
Aber wenn man es gerne verschenkt an andere im Vertrauen, dass Gott weiterhelfen wird, dann ist es in Gottes Augen etwas Großartiges. So soll es sein in Gottes Reich.

Kinder haben ein Bewusstsein und eine Solidarität für die Not anderer Menschen.
Die Erzählung vom Scherflein der Witwe bietet einen guten Anlass, die Kollekte ins Blickfeld zu nehmen und Kinder zu ermutigen, kleine Schritte des Teilens zu tun.
Vielleicht gibt es Informationen über den Kollektenzweck oder es wird ein neues Kollektenprojekt begonnen, das Kinder sich vorstellen können und durch Mitdenken, Mitfühlen, Gebete und andere Ideen unterstützen können.

Stichworte
Augen, Kleine, Kinder, Kollekte, Nest, Segen, Sehen, Senfkorn, Reich Gottes

Dirk Schliephake

Die farbenfrohe Schöpfung

12.09.2010
(15. Sonntag nach Trinitatis)
Und Gott schuf das Licht (gelb) ...
(1 Mose 1,1–5; 14–19)

19.09.2010
(16. Sonntag nach Trinitatis)
Gott schuf Himmel und Wasser (blau) ...
(1 Mose 1,6–10)

26.09.2010
(17. Sonntag nach Trinitatis)
Gott schuf das Leben (rot) ...
(1 Mose 1,20–27)

03.10.2010
(18. Sonntag nach Trinitatis/Erntedank)
Und siehe – es war gut (bunt) ...
(1 Mose 1,28–2,4a)

Wir entdecken Gottes gute Schöpfung.
Sie ist einzigartig und einmalig!
Sie ist ein großes Ganzes, das aus vielen kleinen Einzelteilen zusammengesetzt ist. Wie bei einem Mosaik haben diese Einzelteile ganz verschiedene Farben.
Gott hat diese Welt so gewollt: Sie ist kein Zufall, sondern Einfall Gottes!

Wir staunen über die Vielfalt der Schöpfung.
Gott hat durch sein Wirken dies alles »geschaffen«.
Und Gott segnet, was er geschaffen hat. Segen liegt auf allem, was in dieser Welt wächst.

Wir loben Gott als den Schöpfer des Himmels und der Erde.
Wir freuen uns an Licht, Luft, Himmel, Wasser, Tier- und Pflanzenwelt. Gott hat uns einen kostbaren Schatz, in den auch unser Leben eingebunden ist, geschenkt.

Wir danken für die Farbenpracht der Schöpfung.
An Erntedank sehen wir in besonderem Maß die Vielfalt und Vielfarbigkeit der Schöpfung in den reichen Erntegaben. Die Grundfarben gelb, blau und rot finden wir in den verschiedensten Abstufungen und Mischungen wieder.

Liturgische Gestaltung

Zusammenkommen – sich Gott zuwenden

Lied vom Wunder der Farben

Text und Melodie: Wolfgang Longardt, © beim Autor

2. Sonnengelbe und Himmelsblau,
Rosenrot und Morgentau,
Blütenfest im Farbenspiel
Schmetterlinge, auch, so viel!

3. Farben schenkt er seiner Welt!
Sieh, vom Sonnenlicht erhellt,
leuchtend schön und strahlend bunt
schmückt er unser Erdenrund.

Psalmgebet (nach Psalm 8)

LiturgIn: Wir freuen uns, dass Du da bist.
Wir loben Dich, Schöpfergott.

Ob groß oder klein,
alle staunen und rufen: Gott, Du bist so groß.

Alle (singen): Farben aus des Schöpfers Hand ...

LiturgIn: Den Mond und die Sterne, das ganze Weltall,
hast Du mit eigener Hand gemacht.

Den Himmel hast Du über den Erdball gespannt,
das Wasser umfließt den Erdboden.

Alle (singen): Sonnengelb und Himmelsblau ...

LiturgIn: Vögel in den Bäumen, Schafe auf den Wiesen,
Fische im Wasser. So bunt ist diese Welt.

Bäume tragen Früchte, Pflanzen bringen Nahrung,
Schätze sind im Boden. Großartig sind Deine Farben.

Alle (singen): Farben schenkt er seiner Welt ...

Sendung – Segen

Guter Gott,
segne für uns
die Sonne, die Sterne und den Mond,
die unser Leben hell machen.

Segne für uns
den Himmel und das Wasser,
die uns umhüllen.

Segne für uns
die Tiere und Menschen,
die uns begleiten.

Guter Gott,
segne uns
mit Deiner farbenfrohen Schöpfung.

Kurzgeschichte

Nur aus Licht und Wasser

Philipp und Sabine verbringen ihre Ferien mit den Großeltern in der Bretagne. Das ist eine Halbinsel in Frankreich. Die Nase Frankreichs, so nennt sie der Großvater.

Großvater und Philipp sind am Meer, sie klettern in den großen Felsen herum. Plötzlich beginnt es zu regnen. Die herannahenden Wolken haben die beiden nicht gesehen. Nun ist es zu spät. Bis in das Ferienhaus würden sie es nicht mehr schaffen. Doch sie finden einen trockenen Platz in einer Felsnische. Von dort können sie auch in der Ferne das Ferienhaus sehen. Das Trommeln des Regens ist sogar durch das Steindach zu hören. »Wann hört der Regen endlich auf?«, quengelt Philipp. »Nun sei mal nicht so ungeduldig. Auch der Regen hat viele schöne Seiten«, erwidert der Großvater lächelnd. Das kann Philipp nicht so sehen.

Nach einer Weile tippt Philipp den Großvater an: »Schau mal, Opa, ist das schön!«
In der Ferne ist ein großer Regenbogen zu sehen. Wie eine Brücke spannt er sich von der Meeresbucht bis zum Küstenstreifen. Er scheint direkt an ihrem Ferienhaus zu enden. »Hört es bei uns bald auf zu regnen?«, fragt Philipp. »Sicher!«, sagt der Großvater. »Es dauert bestimmt nicht mehr lange. Wenn Gottes Regenbogen am Himmel erscheint, ist der Regen bald vorbei.« Philipp kichert leise, doch dann fragt er den Großvater: »Weshalb sagst du Gottes Regenbogen?«
»Oh, dazu gibt es viele Geschichten ...« bevor der Großvater mehr erzählen kann, wird er von Philipp unterbrochen. »Die Geschichte von Noah kenne ich schon aus Reli.«
»Ich dachte auch noch an andere Geschichten. Die Menschen haben sich vielerlei Geschichten erzählt oder Gedanken gemacht, wenn sie einen Regenbogen sahen. Für einige Menschen ist ein Regenbogen ein »Himmelsring«, der die Verbindung zwischen Himmel und Erde herstellt, ein Zeichen für Gottes Segen. Auch glaubten einige Leute, dass über den Bogen Engel auf die Erde gleiten würden, um den Menschen wichtige Botschaften zu bringen. Andere dachten, dass der Boden unter einem Regenbogen besonders fruchtbar würde und die Ernte umso reichhaltiger ausfallen würde. Die Menschen hier in der Bretagne sind der Meinung, dass dort, wo der Regenbogen den Boden berührt, Goldschätze oder Edelsteine, die in den Farben des Regenbogens flimmern, zu finden sind.«

»Oh, schau doch! Der Bogen endet bei unserem Ferienhaus. Ein Schatz! Opa, gib mir doch schnell dein Handy. Ich rufe sofort Sabine und Oma an! Die sollen suchen.« Philipp ist ganz aufgeregt.
»So einfach ist das nun auch wieder nicht. Denn sobald man sich einem Regenbogen nähert, weicht er immer weiter zurück. Wenn der Regen aufhört, wird der Regenbogen immer blasser und verschwindet schließlich ganz. Doch ...« der Großvater lächelt wieder. »Doch wenn wieder die Sonne eine Regenwand bescheint, erscheint ein neuer Regenbogen. – Und nun, nun hat es aufgehört zu regnen.«

Doris Dirwald

Kreative Ideen

Gottes Farbpalette

Zeichnung: Doris Westheuser
Aus: Geschichten von Gott – erzählen und verstehen, hg. v. D. Steinwede und I. Ryssel, Gütersloher Verlagshaus, Gütersloh 2005, S. 34, © bei der Künstlerin

– auch für die Kleineren –

Wir erstellen eine Liste, auf der wir den einzelnen Farben Dinge aus Gottes Schöpfung zuordnen.

1. ROT wie Marienkäfer
2. BLAU wie Himmel
3. GELB wie Stern
4. GRÜN wie …
5. BRAUN wie …
6. …

Es wird ein großes Bild mit all diesen Dingen erstellt. Die kleineren Kinder können auch dieses Ausmalbild gestalten.

Erntedank

Zeichnung: Doris Westheuser
Aus: Religion – spielen und erzählen, Bd. 4, hg. v. D. Steinwede und I. Ryssel, Gütersloher Verlagshaus, Gütersloh 2004, Nr. 188, © bei der Künstlerin

An was erinnert Erntedank auch noch? Eine Antwort gibt uns dies Bilderrätsel.
(Antwort: »Die Schöpfung achten und ehren«)

Die Jüngeren können den »Erntekorb« auch einfach nur ausmalen.

Regenbogen-Mobile

Foto: Karl-Heinz Dirwald

Wir gestalten ein »Bitt-Dank-Regenbogen-Mobile«.
(Material: Mehrfarbiges Tonpapier, Nähgarn, Kleber, Stifte)

Alles, für das wir danken wollen, schreiben wir auf die Farbstreifen des Regenbogens.
Alles, was wir für die Schöpfung erbitten, schreiben wir auf die Regentropfen.

Während des Zusammenbaus singen wir das Lied vom Regenbogen

2. Himmelweiter Bogenschlag,
welche Botschaft bringst du, sag'?
Kündest du von Frieden uns?

3. Brückenschlag von dort nach hier,
sanfter Farbengruß zu mir,
schön wie aus der andern Welt

Text und Melodie: Wolfgang Longardt, © beim Autor

Was heißt Segen?

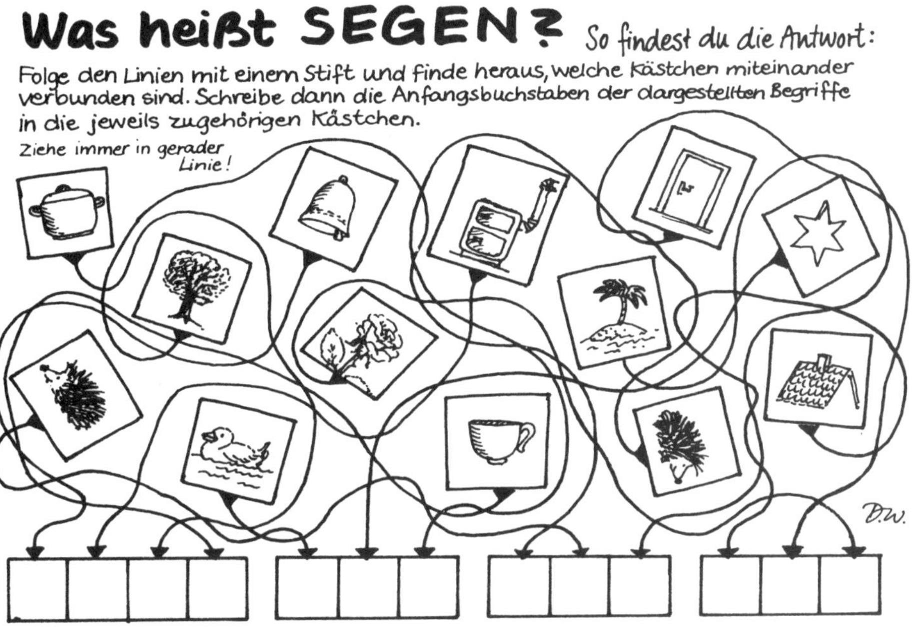

Zeichnung: Doris Westheuser
Aus: Religion – spielen und erzählen, Bd. 3, hg. v. D. Steinwede und I. Ryssel, Gütersloher Verlagshaus, Gütersloh 2000, Nr. 190, © bei der Künstlerin

Stichworte
Erntedank, Farben, Regenbogen, Segen

Karl-Heinz Stöppler-Dirwald

Mit Luther die Kirche entdecken »Martin Luther und das Altarbild des Reformationsaltars der Stadtkirche in Wittenberg«

10.10.2010
(19. Sonntag nach Trinitatis)
Allein die Schrift – die Bibel

17.10.2010
(20. Sonntag nach Trinitatis)
Allein Christus – das Kreuz

24.10.2010
(21. Sonntag nach Trinitatis)
Allein Gnade – die Taufe

31.10.2010
(22. Sonntag nach Trinitatis)
Allein Glaube – das Abendmahl

»Mit Luther die Kirche entdecken« bezieht sich hier auf die Entdeckung von Kirche als Kirchenraum. Es liegt also eine kirchenraumpädagogische Herangehensweise zu Grunde. Daher ist es notwendig, dass dem Kindergottesdienst in diesem Fall der Kirchenraum zur Verfügung steht.

Dieser Vorschlag lässt sich entweder auf die vier vorgeschlagenen Sonntage aufteilen oder als Gesamtentwurf in einem Kindergottesdienst feiern.

Als Alternative zum Reformationsaltar der Wittenberger Stadtkirche entfaltet sich das Entdecken der Kirche am Familienwappen von Martin Luther, der sogenannten Lutherrose.

Luther hat dieses Wappen aus fünf einzelnen Elementen zusammengestellt. Jedes dieser Elemente hat eine besondere Bedeutung, die Luther für sein (Glaubens-) Leben als wichtig erachtet hat. In einem Brief am 8. Juli 1530 beschreibt Martin Luther sein Wappen:

»Das erste sollte ein Kreuz sein – schwarz – im Herzen, das seine natürliche Farbe hätte. Denn so man von Herzen glaubt, wird man gerecht ... Solch Herz soll mitten in einer weißen Rose stehen, anzeigen, dass der Glaube Freude, Trost und Friede gibt ... darum soll die Rose weiß und nicht rot sein; denn weiße Farbe ist der Geister und aller Engel Farbe. Solche Rose steht im himmelfarbenen Feld, dass solche Freude im Geist und Glauben ein Anfang ist der himmlischen Freude zukünftig ... Und um solch ein Feld einen goldenen Ring, dass solche Seligkeit im Himmel ewig währt und kein Ende hat und auch köstlich über alle Freude und Güter, wie das Gold das edelste köstlichste Erz ist ...«

Den einzelnen Elementen der Lutherrose sind hier sowohl die Schwerpunkte der einzelnen Sonntage als auch Orte und Aktionen im Kirchenraum zugeordnet:

Allein die Schrift – die Bibel/die Rose in der Lutherrose/Biblische Verkündigung auf der Kanzel
Allein Christus – das Kreuz/das Kreuz in der Lutherrose/Kreuze im Kirchenraum
Allein Gnade – die Taufe/das Herz in der Lutherrose/Tauferinnerung am Taufstein
Allein Glaube – das Abendmahl/der Ring in der Lutherrose/Gemeinschaft in Brot und Saft am Altar

Jedes Element gilt es zu entdecken, zu deuten und in einer Aktion im Kirchenraum zu erleben. Jedes Element wird zur Quelle einer freudigen Botschaft, die sich in einem Lied zusammenfassen und in die Welt hinaussingen lässt.

Liturgische Gestaltung

Zusammenkommen – sich Gott zuwenden

Kleine kirchenraumpädagogische Übungen zu Beginn
Wir nehmen die Kirche mit allen Sinnen wahr:

- Mit den Ohren: Wir werden ganz still. Was hören wir? Wir nehmen wahr, dass die dicken Kirchenmauern die Geräusche von außen abschirmen. So entsteht ein von der Außenwelt abgegrenzter eigener Raum.
- Wir erfüllen diesen Raum und singen gemeinsam z. B. »Lasst uns miteinander ...« (Menschenskinderliederbuch Nr. 23)
- Mit der Nase: Was riechen wir? Oft haben Kirchen einen ganz eigenen Geruch nach z. B. altem Stein oder Kerzen.
- Mit den Augen: Wir schauen uns um. Entdecken wir etwas, was wir noch nie gesehen haben? Beim Umschauen in einem Kirchenraum kommen immer wieder neue, ungewöhnliche Details in den Blick.
- Mit dem Tastsinn: Wir teilen uns in Paare auf. Eine Person schließt die Augen und lässt sich von der zweiten Person zu einem Gegenstand in der Kirche führen, der mit den Händen entdeckt werden kann.
- Mit dem Geschmackssinn: Dieser Sinn wird beim Element Ring bedient werden.

Votum
Wir sind beieinander, um Kindergottesdienst zu feiern.
Wir tun das im Namen des dreieinigen Gottes:
Im Namen des Vaters, der uns unendlich liebt,
im Namen seines Sohnes Jesus Christus, der uns zeigt, wie Gott uns liebt,
und im Namen des Heiligen Geistes, der uns Kraft gibt, Gottes Liebe weiterzugeben.
Amen.

Psalm mit Kehrvers (nach Psalm 46)
Dieser Psalm ist so konzipiert, dass die einzelnen Verse von einer Person gelesen werden, den Kehrvers sprechen alle Feiernden in zwei Gruppen aufgeteilt. Durch die Zweiteilung wird die Aussage des Kehrverses doppelt betont.

Kehrvers:
I: Eine feste Burg ist unser Gott.
II: Gott ist mit uns. Er ist unser Schutz.

Aber manchmal geht die Angst um.
Dann bekomme ich Angst:
Angst vor Dunkelheit,
Angst vor dem alleine sein,
Angst vor Streit,
Angst vor Gewalt.

Gott, wenn Du da bist, wird meine Angst kleiner.
Bei Dir fühle ich mich sicher wie in einer Burg./*Kehrvers*

Aber manchmal geht die Angst um.
Dann bekommen auch meine Eltern Angst:
Angst vor Krankheit,
Angst vor Unfällen,
Angst vor Streit,
Angst vor Arbeitslosigkeit.

Gott, wenn Du da bist, wird ihre Angst kleiner.
Bei Dir fühlen sie sich sicher wie in einer Burg./*Kehrvers*

Aber manchmal geht die Angst um.
Dann bekommt auch die Welt Angst:
Angst vor Krieg,
Angst vor Umweltschäden,
Angst vor Krisen,
Angst vor Terror.

Gott, wenn Du da bist, wird unsere Angst kleiner.
Bei Dir fühlen wir uns sicher wie in einer Burg./*Kehrvers*

So sei es – Amen.

»Ein feste Burg ...« (EG 362, 1+2) kann diesen Psalm einleiten oder abschließen.

Sendung – Segen
Das Lied »Eine freudige Nachricht breitet sich aus« (EG 649) rundet das Thema ab. Beim Singen wird nach jeder Strophe eine der aufgeschriebenen freudigen Nachrichten hochgehalten und von allen laut in die Welt gerufen. Dabei bleiben wir um den Altar herum stehen.
Anschließend nehmen wir den Altar als Ort des Segens wahr. Hier wird zum Ende jedes Gottesdienstes allen der Segen Gottes zugesprochen. Dazu wird jedem Kind die Hand aufgelegt.

Kreative Ideen

In Luthers Familienwappen, der Lutherrose, lassen sich die vier Aspekte Bibel, Kreuz, Taufe und Abendmahl wiederfinden und gestalterisch verankern.
Dazu wurde das Wappen im Vorfeld in seiner Bestandteile zerlegt: Ein schwarzes Kreuz, ein rotes Herz, eine weiße Rose, ein blauer Himmel und der goldene Ring wurden als große einzelne Elemente aus Tonpapier gefertigt und im Kirchenraum versteckt. Auf dem Altar wurden neben der Altarbibel Brot und Saft bereit gestellt. Beim Taufbecken befindet sich eine Kanne mit Wasser. Fünf Plakate und ein dicker Stift liegen bereit. Sie werden benötigt, um die Botschaft der Elemente aufzuschreiben. Diese Botschaften werden am Ende des Kindergottesdienstes in das Lied »Eine freudige Nachricht breitet sich aus« eingebaut.
Jetzt bekommen die Kinder den Auftrag, die Bestandteile aus Luthers Wappen zu suchen und die Funde zusammenzubringen. Nacheinander werden die Elemente (im Wappen von innen nach außen) vorgestellt, in ihrer Bedeutung entschlüsselt, bekommen einen Bezug zum Kirchenraum und teilen ihre Botschaft mit:

Das Kreuz

Deutung
Es ist ein Glaubenszeichen für Christen, in dem sich Tod und Auferstehung verbinden. Es steht für Jesus Christus und seine Botschaft von der Liebe Gottes, die sogar stärker ist als der Tod.
Aktion im Kirchenraum:
Wir gehen im Kirchenraum auf Kreuzsuche. In der Regel finden sich in Kirchen verschiedene Kreuzesdarstellungen – eine Suche lohnt sich.
Wir empfinden Kreuz mit dem eigenen Körper nach. So stehen wir mit den Füßen fest im Boden verwurzelt, den Kopf gen Himmel ausgerichtet – ausgestreckt zwischen Himmel und Erde. Die Arme sind ausgebreitet. Wir stehen da mit offenen Armen.

Eine freudige Nachricht breitet sich aus
Welche freudige Nachricht teilt uns das Kreuz mit? Zusammen mit den Kindern eine kurze Antwort finden (z. B. »Gottes Liebe ist stärker als der Tod«) und sie groß auf ein Plakat notieren.

Das Herz:

Deutung
Das Herz steht für Liebe. Es bezeichnet die Liebe Gottes zu uns Menschen, aber auch die Liebe der Menschen untereinander. Im Herzen tragen wir, was oder wen wir lieben und was oder wer uns wichtig ist.
Aktion und Bezug zum Kirchenraum:
Wir versammeln uns am Taufstein. In der Taufe können wir erkennen, dass Gottes Herz für die Menschen schlägt. Gott schenkt uns diese Liebe umsonst, ohne Vor- oder Gegenleistung. Er sagt »Ja« zu jedem Täufling. Mit der Taufe gehört ein Mensch zu Gott, zur Gemeinschaft der Christen.
Wir gießen Wasser in die Taufschale. Alle sind zur Tauferinnerung eingeladen. Dazu werden z. B. Zeige- und Mittelfinger einer Hand in das Wasser getaucht, mit den feuchten Fingern kann man sich selbst ein Kreuz auf die Stirn zeichnen und sich dazu sagen: Ich bin Gottes geliebtes Kind.
Eine freudige Nachricht breitet sich aus:
Welche freudige Nachricht teilt uns das Herz mit? Zusammen mit den Kindern eine kurze Antwort finden (z. B. »Wir sind Gottes geliebte Kinder«) und sie groß auf ein Plakat notieren.

Die Rose

Deutung
Die Farbe Weiß steht für den Heiligen Geist und für Frieden. Die Blütenblätter der Rose gleichen Engelsflügeln. Luther hat sich zeitlebens von Gottes Engel beschützt und begleitet gefühlt.

Aktion und Bezug zum Kirchenraum
In der Bibel finden wir viele Zusagen Gottes. Ein Psalm sagt uns besonders klar die Begleitung von Engeln in unserem Leben zu. Wir bringen die Altarbibel zum Ort der Verkündigung in der Kirche, zur Kanzel. Dort schlagen wir Psalm 91, 11 auf: »Denn er (Gott) hat seinen Engeln befohlen, dass sie dich behüten auf allen deinen Wegen.« Wer möchte, kann diesen Vers den anderen von der Kanzel aus verkündigen.

Eine freudige Nachricht breitet sich aus
Welche freudige Nachricht teilt uns die Rose mit? Zusammen mit den Kindern eine kurze Antwort finden (z. B. »Gottes Engel behüten uns auf allen Wegen«) und sie groß auf ein Plakat notieren.

Der Himmel

Deutung
Der Raum zwischen Rose und Ring ist blau und verweist auf den Himmel. So wie der Himmel die Erde umspannt, ist Gott allgegenwärtig. Gott ist uns nahe – im Leben wie im Tod. Wir können Gott nahe sein.

Aktion und Bezug zum Kirchenraum
Jeder/jede sucht sich im Kirchenraum einen Platz, an dem er/sie ein Stückchen Himmel entdecken kann und sich Gott nahe fühlt. Wer möchte kann den anderen mitteilen, warum gerade dieser Platz ausgewählt wurde.

Eine freudige Nachricht breitet sich aus
Welche freudige Nachricht teilt uns der Himmel mit? Mit den Kindern eine Antwort finden (z. B. »Immer und überall ist Gott für uns da«) und sie groß auf ein Plakat notieren.

Der Ring

Deutung
Der Ring steht als Kreissymbol, ohne Anfang und ohne Ende, für das Ewige. Gottes Liebe hat keinen Anfang und kein Ende. Sie ist immer und überall da. Gottes Liebe verbindet uns Menschen mit Gott. Damit verbindet sie uns gleichzeitig untereinander zu einer Gemeinschaft.

Aktion und Bezug zum Kirchenraum
Wir stellen uns um den Altar auf und bilden einen Ring. Wenn wir uns die Hände geben, bilden wir eine Gemeinschaft, eine Gemeinschaft der Glaubenden. Der Altar mit Bibel, Brot und Saft wird zum Zentrum dieser Gemeinschaft. Im Abendmahl feiern wir nicht nur diese Gemeinschaft der Christen untereinander, sondern sehen uns auch mit Jesus Christus, dem Gastgeber, verbunden. Als Zeichen dieser doppelten Gemeinschaft teilen wir das Brot und den Saft miteinander und lassen uns davon stärken.

Eine freudige Nachricht breitet sich aus
Welche freudige Nachricht teilt uns der Ring mit? Mit den Kindern eine Antwort finden (z. B. »Mit Brot und Saft kommt uns Gott ganz nah«) und sie groß auf ein Plakat notieren.

Stichworte
Bibel, Kreuz, Taufe, Tauferinnerung, Abendmahl, Lutherrose, Rose

Susanne Betz

Alles hat seine Zeit

07.11.2010
(Drittletzter Sonntag im Kirchenjahr)
Alles hat seine Zeit
(Prediger 3,1–8)

14.11.2010
(Vorletzter Sonntag im Kirchenjahr)
Gott führt mich durch die Zeit
(Psalm 23)

21.11.2010
(Ewigkeitssonntag)
Ich bin bei euch alle Zeit
(Matthäus 28,16–20)

An drei Sonntagen möchte ich gemeinsam mit den Kindern über das Phänomen der »Zeit« nachdenken, bewusst Zeit wahrnehmen, das Kirchenjahr feiern. An allen Tagen, die uns geschenkt werden, gilt uns die Zusage Jesu Christi: »Und seht: Ich bin alle Tage bei euch, bis Zeit und Welt vollendet sind.« (Matthäus 28,20; Bibel in gerechter Sprache)

Liturgische Gestaltung

Zusammenkommen – sich Gott zuwenden

Kyrie
Guter Gott,
Du schenkst uns Zeit zum Leben.
Doch oft habe ich das Gefühl, dass mir die Zeit davonläuft.
Dass ich nicht schaffe, was ich mir vorgenommen habe.
Dass ich nicht genug Zeit habe zum Spielen und Lernen.

Gesungen: Herr, erbarme Dich (EG 178,1)

Guter Gott,
manchmal habe ich Zeit für alles,
nur nicht für meine Freundinnen und Freunde.
Und plötzlich habe ich das Gefühl, allein zu sein.
Da ist niemand, der seine Zeit mit mir teilt.

Gesungen: Herr, erbarme Dich (EG 178,1)

Guter Gott,
manchmal brauche ich Zeit zum Spielen und Träumen.
Zeit, einfach nur für mich.
Doch dann ist da immer jemand, der mich stört.

Gesungen: Herr, erbarme Dich (EG 178,1)

Sendung – Segen

Fürbitte
Guter Gott,
die Zeit ist dein Geschenk an uns.
Jede Sekunde, jeder Tag, jedes Jahr – aus deinen Händen dürfen wir sie entgegennehmen.
Hilf uns, dass wir jeden Tag unseres Lebens gerne beginnen,
dass wir jeden Tag so leben, dass schlechte Zeiten schnell vorübergehen
und gute Zeiten etwas länger dauern.

Gesungen: Schenk uns Zeit

Text: Rolf Krenzer, Melodie: Detlev Jöcker
Aus: CD, MC und Buch »Das Liederbuch zum Umhängen 1«,

Guter Gott,
wir bitten Dich für Menschen,
die nur noch gehetzt sind,
die meinen, keine Zeit mehr zu haben.
Weil sie nur noch Arbeit um sich herum sehen.
Schenke Du ihnen Ruhe, schenke ihnen Zeit.

Gesungen: Schenk uns Zeit

Guter Gott,
wir bitten Dich für unsere Familien und für unsere Freundinnen und Freunde,
schenke uns Zeit miteinander zu lachen, zum Spielen und zum Feiern.
Wenn wir einmal traurig sind, dann schenke uns auch dafür Zeit.
Und Zeit zum Trösten und Geborgensein.

Gesungen: Schenk uns Zeit

Guter Gott,
schenke uns Deine Zeit
und hilf uns, sie mit anderen zu teilen,
damit keiner allein sein muss auf dieser Welt.
Du hast uns versprochen, an jedem Tag unseres Lebens uns immer nahe zu sein.

Gesungen: Schenk uns Zeit

Vaterunser

Bewegungen zum Kanon: Schenk uns Zeit
»Schenk uns Zeit«: mit den Armen werden die Zeiger einer Uhr nachgestellt
»aus deiner Ewigkeit«: mit den Armen einen Kreis schlagen
»zum Nehmen«: Hände zum Körper
»zum Geben«: Hände vom Körper fort, austeilende Bewegung
»Miteinander leben«: mit den Händen wird ein Kreis gebildet

Kurzgeschichte

Till Eulenspiegel und die Zeit

Till Eulenspiegel wanderte auf einer holprigen Straße, als eine schnell fahrende Kutsche ihn beinahe abdrängte. Der Kutscher schien sehr in Eile zu sein, hektisch rief er: »Hey, wie weit ist es bis zur nächsten Stadt?« – »Wenn Ihr langsam fahrt, eine halbe Stunde«, antwortete Eulenspiegel, »wenn Ihr schnell fahrt, braucht Ihr einen halben Tag«. »Du Narr!«, schimpfte der Kutscher und trieb die Pferde noch heftiger an. Etwa eine Stunde später begegnete Eulenspiegel der Kutsche erneut – sie lag umgestürzt im Graben und der Kutscher versuchte fluchend eine gebrochene Vorderachse zu reparieren. Spitzbübisch meinte Eulenspiegel: »Ich sagte Euch doch: Wenn Ihr langsam fahrt, eine halbe Stunde ...«

Eine mittelalterliche Legende zum Ewigkeitssonntag

Es ist schon lange her, da lebte in seinem Kloster ein Mönch. Gerne las der in den Psalmen, und wenn er dabei auf die Stelle traf:
»Für dich sind tausend Jahre
wie der Tag, der gestern vergangen ist,
wie eine einzige Wache der Nacht«,
so fing er an zu grübeln und nachzusingen, wie diese Verse denn zu verstehen seien, sie gingen nicht in seinen Kopf, soviel er auch darüber rätselte. Ein so langer Zeitraum kann doch auch bei Gott nicht vorübergehen wie ein Windhauch ... Also bat er Gott, den Herrn, er solle ihn unterweisen, auf welche Weise er denn die Zeit erführe.
Einige Zeit danach verließ der Mönch, wie es seine Gewohnheit war, nach der nächtlichen Gebetszeit die Kirche, erging sich im Klostergarten und wanderte noch ein wenig im benachbarten Wald umher. Sinnend und seiner Betrachtung hingegeben, beobachtete er einen schönen Vogel, der auf wundersame Weise sang. Einem so bezaubernden Vogelgesang hatte er bisher noch nie gelauscht, der Mönch stand unter dem Baum wie angewurzelt und lauschte dem unvergleichlichen Gesang, bis der Vogel aufhörte mit seiner wunderschönen Musik. Da erwachte der Mönch wie aus einem seltsamen Traum und sagte zu sich selbst: »Ich muss heimkehren, das Morgengebet wird bald beginnen« und ging zum Kloster zurück.
Als er wieder zur Pforte kam, wunderte er sich, weil sich manches verändert hatte. Der Bruder Pförtner kannte ihn nicht und fragte, ob er aus einem fremden Kloster käme

und hier zu Gast sein wolle. Allmählich kamen auch die anderen Mönche und der Abt: Niemand kannte ihn und auch er hatte keinen von all den Mönchen je gesehen. Schließlich holte einer der Mönche die Klosterchronik und blätterte darin. Dort fand sich der Eintrag, dass vor dreihundert Jahren plötzlich ein Mönch verschwunden sei, der war nie wieder heimgekehrt. Als der Mönch den Namen des Verschwundenen hörte, erschrak er, es war sein eigener Name. So hatte er also dreihundert Jahre lang vor dem Baum gestanden, ohne zu essen, zu trinken, zu schlafen, hatte nur dem Vogel zugehört und seine Seligkeit darin gefunden.

Kreative Ideen

Für den Vorbereitungskreis

In der Mitte des Tisches steht eine große Sanduhr. Daneben eine Schale mit feinkörnigem Sand.
Zu den Klängen von Pete Seegers »Turn, Turn, Turn« (zu finden ist dieses Lied zu Prediger 3 auf nahezu jeder Seeger-CD) oder zum Rhythmus eines Metronoms nehmen alle – möglichst mit geschlossenen Augen – etwas Sand in die Hand und lassen ihn langsam in die Schale zurückrieseln.
Wir reden über unsere Empfindungen – wurden wir nervös, wich Anspannung von uns? Wie viel Zeit ist vergangen? Welche inneren Bilder entstehen in uns, wenn wir an unseren Umgang mit unserer Zeit denken? Wo setze ich Prioritäten in meinem Alltag? Wie erleben wir den Umgang der Kinder in unseren Familien bzw. in unserem Kindergottesdienst mit der Zeit? Wo sehen wir sie gehetzt/entspannt?
Die für die Kindergottesdienstreihe vorgeschlagenen biblischen Texte werden in den Kreis gelegt und zunächst still bedacht.
Ob sie uns in unserem Umgang mit unserer Zeit helfen können?
»Alles hat seine Zeit« (Prediger 3), der Rhythmus des Lebens wird spürbar. Gegen unsere Verplanung und gegen die zunehmende Beschleunigung unseres Alltags wird der Blick auf das Ganze gerichtet, auf die Dauer, die den Dingen selbst innewohnt. Der Prediger weiß, es gibt Zeiten, über die wir als Menschen nicht verfügen können: Geburt und Tod, in allen gegensätzlichen Zeiten seines Lebens empfängt der Mensch seine Zeit und kann nicht beliebig über sie verfügen.
In Psalm 23 begegnet uns ein Trost- und Ermutigungstext der Bibel. Auf allen unseren Wegen, in guten wie in schlechten Zeiten, begleitet uns Gott. Wie ein Hirte sorgt er für uns, ermöglicht ein erfülltes Leben in seiner Gegenwart.

Matthäus 28,16–20 richtet sich ursprünglich an Menschen, die in Bedrückung leben und mit dem Ende der Zeit rechnen. Ihnen wird zugesagt: »Ich bin bei euch alle Tage bis an das Ende der Welt.«

Im Kindergottesdienst

1. Sonntag
Im Vorfeld des Kindergottesdienstes werden die Kinder gebeten, zum nächsten Gottesdienst möglichst viele unterschiedliche Uhren mitzubringen.
Im Anschluss an die Eröffnung werden die mitgebrachten Uhren (Taschen- und Armbanduhren, Sand- und Eieruhren, Kuckucks-und Sonnenuhren ...) zu einer kleinen Ausstellung angeordnet, vorgestellt und ausprobiert. Sollte zu unserem Thema ein Kinderbibeltag geplant werden, so bietet sich auch ein kleiner Ausflug zu einer besonderen Uhr (etwa zur Turmuhr) in der Umgebung an. Anhand eines Sachbuchs (z. B. der »Buch-Aktiv-Box Zeitmessung«, München 1997) wird ein kleiner Blick in die Geschichte der Zeitmessung geworfen.
Eine Gruppe der Kinder beginnt mit dem Basteln einer großen runden Jahresuhr (Pappe), die mindestens 1,50 m Durchmesser haben sollte. Zunächst werden in einem inneren Kreis Jahreszeiten und Monate eingetragen, Feste und Geburtstage darauf gestaltet. »Was alles braucht seine Zeit?« Ausgehend von dieser Frage sammeln die Kinder fröhliche und traurige Ereignisse eines Jahres/eines Monats und malen sie auf die Uhr.
Die Größeren basteln Sanduhren. Benötigt werden je zwei saubere Plastikflaschen, in deren Verschlüsse Löcher gebohrt werden. Eine der Flaschen wird zur Hälfte mit Sand gefüllt. Nun werden die Flaschen an den Verschlussenden fest mit mehreren Schichten Isolierband verbunden.
Wer viel Zeit hat, kann aus leichtem Holz und vier Rundstäben noch eine Halterung für die Flaschen bauen.
Es schließen sich Spiele zum Zeitgefühl an: Wie lange rinnt der Sand, bis die Flasche leer ist? Wer kann am langsamsten eine Strecke von 20 Metern hinter sich bringen, ohne dabei zu stoppen? Wie lange dauert eine Minute? Die Kinder schätzen in der Stille und melden sich, wenn sie das Gefühl haben, eine Minute sei vorüber.
Nun wird der biblische Text verlesen. Vielleicht werden die gegensätzlichen Geschehen von den Kindern ergänzt.

Möglich ist auch folgende Form der Lesung:
Zu einigen »Geschehen«, die in dem Text genannt werden, erhalten die Kinder ein Symbol. Während der Lesung, zu der ein Metronom ruhig seinen Takt schlägt, werden die Symbole in die Jahreszeiten-Uhr gelegt:

»Alles hat seine Zeit, und alles Vorhaben unter dem Himmel hat seine bestimmte Stunde:

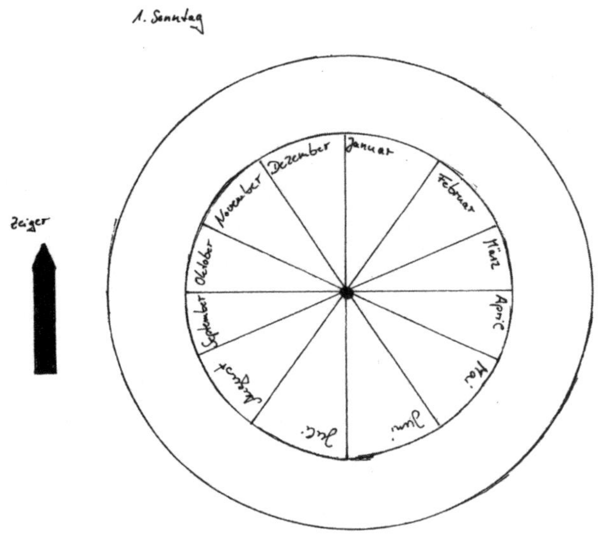

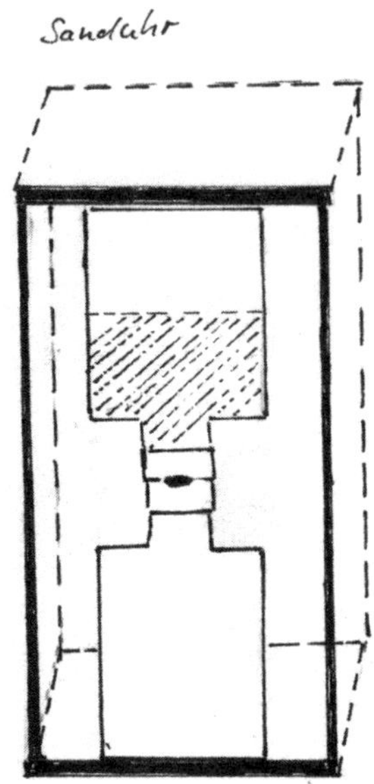

Zeichnungen: Dagmar Steffens

Geboren werden hat seine Zeit	– eine Windel oder eine Babypuppe
Sterben hat seine Zeit	– ein schwarzes Tuch
Pflanzen hat seine Zeit	– einige Samenkörner oder eine junge Pflanze
Ernten hat seine Zeit	– Getreidehalme
Weinen hat seine Zeit	– ein trauriges gemaltes Gesicht
Lachen hat seine Zeit	– ein lachendes Gesicht
Abbrechen hat seine Zeit	– ein wenig Bauschutt
Bauen hat seine Zeit	– ein Haus aus Duplo-Steinen
Reden hat seine Zeit	– eine Sprechblase oder ein Mikrophon
Schweigen hat seine Zeit	– es ertönt ein leiser Gong
Streit und Krieg hat seine Zeit	– eine Soldatenfigur oder ein Spielzeugschwert
Frieden hat seine Zeit	– eine Friedenstaube

Ich sah die Arbeit, die Gott den Menschen gegeben hat, dass sie sich damit abmühen. Gott hat alles zu seiner Zeit schön gemacht. Zudem hat er die Ewigkeit in alles hineingelegt.«

2. Sonntag

Um die Uhr herum, die im letzten Kindergottesdienst entstanden ist, wird aus bunten Tüchern der Weg des Psalmbeters nachgestaltet. In der Mitte der Uhr leuchtet die Kindergottesdienstkerze. Zu den einzelnen Versen des Psalms werden Bilder gemalt, die neben die Tücher gelegt werden (»So führt Gott uns durch die Zeit ...«)

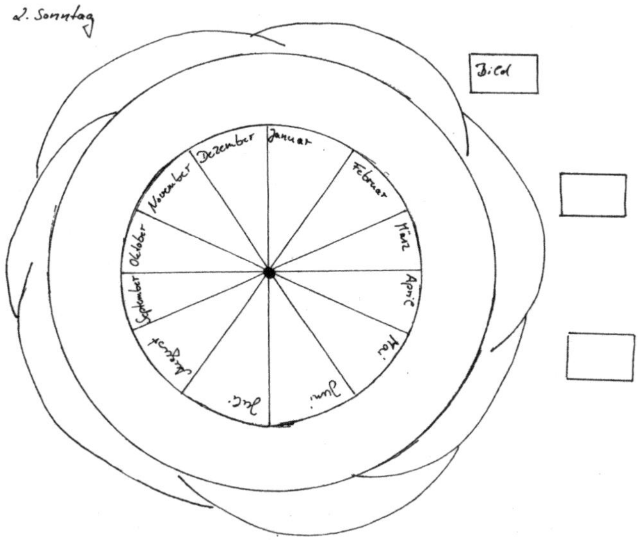

Zeichnung: Dagmar Steffens

Mit den kleineren Kindern lesen wir das wundervolle Bilderbuch von Christof Stählin und Anja Reichel, Das kleine Schaf und der gute Hirte, Gabriel Verlag, Stuttgart/Wien 2004.

Text: nach Psalm 23 von M. Geiger, Melodie: I. Kindt
Aus: Kindergottesdienst plus 1998–2000, © J. F. Steinkopf Verlag GmbH, Kiel, S. 139

2. Er mich zur Weide, Halleluja, und zum frischen Wasser, Halleluja!
3. Und ob ich schon wanderte im finsteren Tal, fürcht' ich doch kein Unglück, Halleluja!
4. Denn Du bist bei mir, Halleluja, Dein Stab stützt und tröstet mich, Halleluja!
5. Ich fürcht' keine Feinde, Halleluja, denn Du hilfst mir siegen, Halleluja!
6. Gutes und Barmherzigkeit, Halleluja, die werden mir folgen, Halleluja!
7. Und so werd' ich bleiben bei Dir allezeit in Jesu Namen, in Ewigkeit!

3. Sonntag

»Ich bin bei euch alle Tage …« – am dritten Sonntag wird diese Zusage Jesu Christi verdeutlicht, indem unsere Uhr zur Kirchenjahresuhr erweitert wird. In der Mitte der Uhr wird die Kerze entzündet, um den Jahreszeitenkreis entsteht das Kirchenjahr. Symbole (Adventszeit: Kerzen; Weihnachten: kleine Krippe; Epiphaniaszeit: Teelichter usw.) kennzeichnen die jeweiligen Fest bzw. Festzeiten. Dabei werden die zu den Festen passenden Lieder gesungen. Am Schluss wird ein Kreuz neben die Kerze in die Mitte der Uhr gelegt.

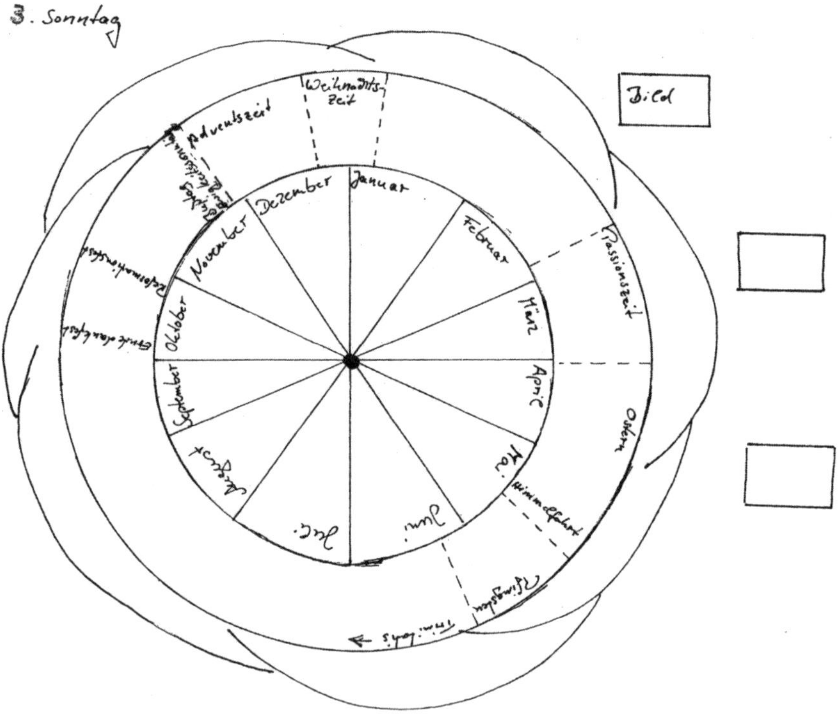

Zeichnung: Dagmar Steffens

Stichworte
Zeit, Ewigkeit

Erhard Reschke-Rank

»Gottes Advent verändert Leib und Seele«
Biblische Adventshaltungen entdecken und feiern

28.11.2010
(1. Advent)
Jauchze und siehe – dein König kommt zu dir
(Sacharja 9,9–12)

05.12.2010
(2. Advent)
Erhebt eure Häupter – eure Erlösung naht
(Lukas 21,25–28)

12.12.2010
(3. Advent)
Bereitet den Weg – Gott kommt gewaltig
(Jesaja 40,1–11)

19.12.2010
(4. Advent)
Freuet euch allewege – der Herr ist nahe
(Philipper 4,4–7)

24.12.2010
(Heiligabend)

25./26.12.2010
(Weihnachten)
Fürchtet euch nicht – Gott kommt als Kind
(Lukas 2,1–20)

In den hier aufgeführten Bibeltexten sind die biblischen Wochensprüche der vier Adventssonntage zu finden. Diese Wochensprüche lenken den Blick auf das nahe bevorstehende Weihnachtsfest und die damit verbundene Erinnerung an die Menschwerdung Jesu Christi. Außerdem wird dadurch die Verheißung des Kommen Gottes zur Sprache gebracht, die die Menschen schon jetzt verändert, indem sie an die biblischen Adventshaltungen anknüpft.
Der Wochenspruch nimmt das Thema des Gottesdienstes bzw. des Sonntags auf. Er soll die Menschen aber nicht nur am Sonntag, sondern durch die ganze Woche begleiten. Dieses Wort sollen sie auch unter der Woche in ihren Herzen bewegen.
Kinder haben es dabei noch schwerer als Erwachsene, den Wochenspruch in ihrem Gedächtnis zu bewahren, da sie in der Regel Mühe haben, das Bibelwort überhaupt zu verstehen.
Aus diesem Grunde soll hier mithilfe von Symbolen Kindern (und Erwachsenen) der Wochenspruch nahegebracht werden. Durch die Symbole wird der Wochenspruch anschaulicher. Dabei können die vorgeschlagenen liturgischen wie kreativen Elemente sowohl bei einem gemeinsamen Beginn als auch im Kindergottesdienst Verwendung finden.

Liturgische Gestaltung

Zusammenkommen – sich an Gott wenden

Votum
Machet die Tore in der Welt hoch, dass der König der Ehre einziehe.
Öffnet die Türen zu euren Herzen, dass Gott einziehen kann.
So freuen wir uns im Advent auf die Ankunft Gottes bei uns.
Wir feiern jetzt Gottesdienst im Namen Gottes, des Vaters, des Sohnes und des Heiligen Geistes. Amen.

Psalm 24
Wir feiern Advent.
Wir bereiten ein Fest für den König vor,
für den König, der zu uns kommt.

Wer ist der König?
Der König ist Gott,
der große Gott, dem alles gehört,
die Erde und das riesige Weltall.
Er hat alles gemacht.
Und wir sind seine Kinder.

Wer darf zum Königsfest kommen?
Wer Gott vertraut, ist willkommen.
Er hat Menschen gern, die niemanden verletzen
und nicht schlecht über andere denken.
Er freut sich über jeden, der hält, was er verspricht.

Wenn Gott bei uns ist, fehlt uns nichts.
Er gibt uns, was wir brauchen.
Er hilft, wenn uns Unrecht geschieht.

Macht Türen und Tore weit auf,
dass Gott zu uns kommen kann.
Zündet Kerzen an, strahlend und hell.
Mit Licht und Glanz kommt unser Gott.

Aus: Martin Polster: Gib mir Wurzeln, lass mich wachsen,

Als Kehrvers wird vor und nach dem Psalmgebet gesungen:

Text: Psalm 24,7; Melodie: Wolfgang Müller
Aus: Wolfgang Müller: Weiter Raum. Kehrverse, Lieder und Gebet für die Gemeinde und den Unterricht, Löchgau 2002

Kreative Ideen

Die vorgeschlagenen biblischen Texte für die vier Adventssonntage enthalten jeweils den sogenannten Wochenspruch. Grundsätzlich ist jedem Sonntag im Kirchenjahr ein solcher Wochenspruch oder Wort für die Woche zugeordnet. Der Wochenspruch bleibt jedes Jahr der gleiche. Es ist also nicht so wie bei den Tageslosungen oder den Monatssprüchen, die jedes Jahr neu ausgewählt werden.
Beim Erwachsenengottesdienst ist der Wochenspruch häufig ein Element in der Eingangsliturgie. In manchen Kindergottesdiensten ist er auch noch anzutreffen. Da der Wochenspruch im Gottesdienst meistens ohne Zusammenhang gesprochen wird, gerät er sowohl bei Erwachsenen wie bei Kindern wieder leicht in Vergessenheit. Deshalb werden die Wochensprüche hier durch Symbole nahegebracht und veranschaulicht. Dabei können die vorgeschlagenen liturgischen wie kreativen Elemente sowohl für den gemeinsamen Beginn als auch im Kindergottesdienst verwendet werden.
Fünf Päckchen sind für alle gut sichtbar im Raum: Diese Päckchen können sich in einer großen Kiste befinden, unter der Kanzel, auf dem Altar oder in der gestalteten Mitte liegen oder aber am Adventskranz hängen.
In jedem dieser Päckchen befinden sich ein Symbol und der dazu passende Wochenspruch. Der Wochenspruch ist auf ein Plakat oder auf einer kleinen Papierrolle

gedruckt. An jedem Adventssonntag wird dann während der Eingangsliturgie ein Päckchen von einem Kind ausgepackt. Danach wird der Wochenspruch in einer kleinen Ansprache anhand des Symbols erläutert.
Da die Adventssonntage auf die Geburt Jesu in der Krippe hinweisen, werden die Symbole und die Wochensprüche, nachdem sie ausgepackt sind, auf ein Hinweisschild (Pfeil) aufgeklebt bzw. geheftet.
Diese Hinweisschilder sind leicht herzustellen. Man nimmt ein großes Plakat, schneidet es in Pfeilform aus und heftet bzw. nagelt es an einen Holzstab.
Wer möchte, kann diese Hinweisschilder (Pfeile) auch zusammen mit den Kindern basteln.
Damit die Holzstäbe mit den Pfeilen auch stehen bleiben, stellt man sie in einen Sandkübel oder in eine mit Sand gefüllte Flasche. So bleiben sie während der ganzen Adventszeit im Raum stehen.
Auf die Hinweisschilder kann dann auch beim Weihnachtsgottesdienst Bezug genommen werden. Die Hinweispfeile werden auf Weihnachten ausgerichtet, so dass sie auch damit die Bedeutung der Adventssonntage verdeutlichen können.
Das fünfte und letzte Päckchen ist als Geschenk ersichtlich. Es wird am Weihnachtsgottesdienst ausgepackt. Dieses Geschenkpäckchen wird dann in die Krippe gelegt.

1. Advent
Jauchze und siehe – dein König kommt zu dir (Sacharja 9,9–12)

Symbol: Krone

Hinführung
Litur g/in: Wir sehen hier mehrere Päckchen. Sie sehen so aus wie Geschenke. Wir freuen uns auch deshalb auf Weihnachten, weil es da Geschenke gibt. In diesem Jahr müssen wir aber nicht erst bis Weihnachten warten, um Geschenke auspacken zu dürfen. Die Päckchen, die hier zu sehen sind, dürfen schon vorher ausgepackt werden und zwar eines an jedem Adventssonntag. Diese Päckchen wollen uns hinweisen auf den, der an Weihnachten zu den Menschen kommt.

1. Päckchen wird ausgepackt: Symbol »Krone« und Wochenspruch für den 1. Advent
Ein Kind packt das erste Päckchen (Krone) aus und hält die Krone hoch. Das Plakat mit dem Wochenspruch gibt das Kind dem/der Liturgen/in.

Wochenspruch
Siehe, dein König kommt zu dir, ein Gerechter und ein Helfer. (Sacharja 9,9)

Erklärung zum Wochenspruch
Liturg/in: Am ersten Advent haben wir eine Krone ausgepackt. Eine Krone weist auf

einen König hin. Denn nur Könige tragen eine Krone. Der Wochenspruch für den 1. Advent möchte unseren Blick auf einen König wenden. Das Bibelwort lautet: »Siehe, dein König kommt zu dir«.
An Weihnachten warten die Menschen also auf einen König. Auf den König der ganzen Welt. Auf einen König, der zu den Menschen geht. Sonst ist es ja umgekehrt, sonst müssen die Menschen zu ihrem König gehen. Es ist also ein ungewöhnlicher König. Das Bibelwort geht noch weiter. Es heißt: »Siehe, dein König kommt zu dir, ein Gerechter und ein Helfer.« (Sacharja 9,9)
Dieser König will also, dass es gerecht zugeht, zwischen ihm und den Menschen. Und er will nicht sich selbst, sondern den Menschen helfen. In der Tat, es ist ein außergewöhnlicher König, der zu uns Menschen auf die Welt kommt.

Symbol und Wochenspruch werden auf den 1. Pfeil geheftet
Liturg/in: Wir kleben nun die Krone und den Wochenspruch auf den ersten Pfeil. Dieser Pfeil zeigt in eine bestimmte Richtung. Er ist auf Weihnachten gerichtet, weil auch wir uns in der Adventszeit auf das Christfest ausrichten sollen.

Zeichnung: Martin Schoch

Lieder
Macht hoch die Tür (EG 1,1 / LJ 12,1 / KG 26,1)
Sieh, dein König (EG 537, Regionalteil Bayern-Württemberg)
Tochter Zion (EG 13,3 / LJ 22,3)

Basteln: Herstellen einer Krone
Jedes Kind bastelt eine Krone aus Goldkartonpapier (Vorlage s. u., vergrößern, ausschneiden und zusammenkleben). Die Krone können die Kinder noch weiter verzieren, z. B. mit »Halbedelsteinen« (Bonbons bzw. Pralinen werden mit Silber- bzw. Alufolie umwickelt und auf die Krone geklebt).

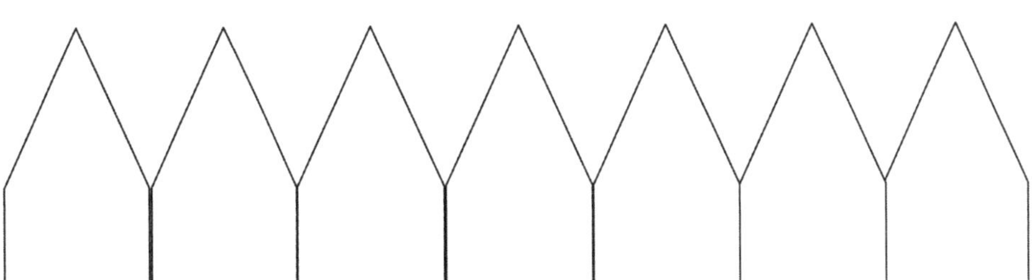
Zeichnung: Martin Schoch

2. Advent
Erhebt eure Häupter – eure Erlösung naht (Lukas 21,25–28)

Symbol: Seil mit Knoten

2. Päckchen wird ausgepackt: Symbol »Seil« und Wochenspruch für den 2. Advent
Ein Kind packt das zweite Päckchen (Seil) aus und hält das Seil hoch. Das Plakat mit dem Wochenspruch gibt es dem/der Liturgen/in.

Wochenspruch
Seht auf und erhebt eure Häupter, weil sich eure Erlösung naht! (Lukas 21,28)

Erklärung zum Wochenspruch
Liturg/in: Für den zweiten Advent haben wir ein Seil ausgepackt: ein Seil mit Knoten. Manchmal passiert es leicht, dass sich ein Seil oder ein Faden verknoten. Dann ist es gar nicht so leicht, das Seil von den Knoten zu befreien und die Knoten wieder zu lösen. Der Wochenspruch für den heutigen 2.Advent lautet: »Seht auf und erhebt eure Häupter, weil sich eure Erlösung naht!« (Lukas 21,28)
Dieses Bibelwort lässt uns auf- und nach vorne blicken, weil uns Erlösung entgegenkommt. Da stellt sich die Frage: Wovon sollen eigentlich die Menschen erlöst werden? Wie sollen wir uns überhaupt dieses Geschehen vorstellen?
In dem Wort »Erlösung« steckt das Wort »lösen« drin. Das Wort »lösen« hat etwas mit Befreien und Loslösen zu tun. Das Wort für diese Woche will uns also darauf hinweisen, dass sich in uns etwas lösen soll; nämlich das, was sich in unserem Leben verknotet hat. Knoten sind das, was unser Leben einschnürt und was uns gefangen nimmt. Die Sorge, nicht gewollt oder geliebt zu sein *(einen Knoten auf dem Seil lösen)*. Die Angst davor, allein zu sein und niemand zu haben *(einen Knoten auf dem Seil lösen)*. Den Kummer, dass das Leben an mir vorbeizieht *(einen Knoten auf dem Seil lösen)*. Uns gilt dieses Wort: »Seht auf und erhebt eure Häupter, weil sich eure Erlösung naht!«

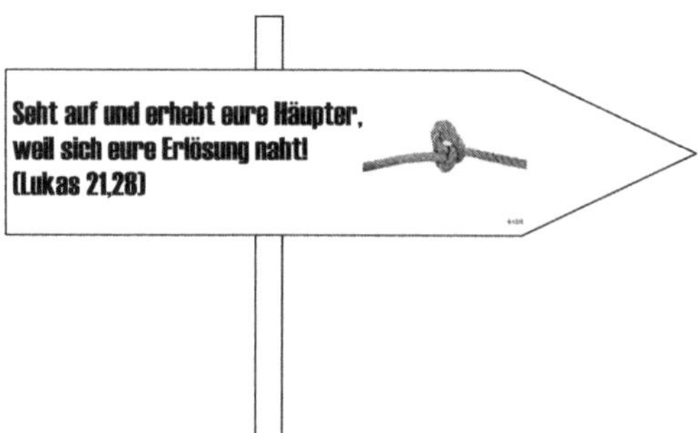

Zeichnung: Martin Schoch

Symbol und Wochenspruch werden auf den 2. Pfeil geheftet
Liturg/in: Wir kleben nun den Wochenspruch auf den zweiten Pfeil. Das Seil hängen wir auch an diesen Pfeil. Auch dieser Pfeil zeigt in eine bestimmte Richtung. Auch er ist auf das Weihnachtsfest gerichtet, weil auch wir uns in der Adventszeit auf Weihnachten hin ausrichten sollen.

Lied
Seht auf und erhebt eure Häupter (EG 21)

Spiel: Gordischer Knoten
Alle Kinder stehen im Kreis und strecken ihre Hände zur Kreismitte. Dann gehen alle Kinder gleichzeitig vorwärts in Richtung Kreismitte. Dort angekommen ergreift jedes Kind mit jeder Hand eine Hand eines anderen Kindes. Es ist nun ein Knoten entstanden. Die Aufgabe ist es nun, den Knoten zu entwirren, ohne dass die Hände dabei losgelassen werden.

3. Advent
Bereitet den Weg – Gott kommt gewaltig (Jesaja 40,1–11)

Symbol: Roter Teppich

3. Päckchen wird ausgepackt: Symbol »Roter Teppich« und Wochenspruch für den 3. Advent
Ein Kind packt das dritte Päckchen (roter Teppich) aus und hält den roten Teppich hoch. Das Plakat mit dem Wochenspruch gibt es dem/der Liturgen/in.

Wochenspruch
Bereitet dem Herrn den Weg; denn siehe, der Herr kommt gewaltig. (Jesaja 40,3.10)

Erklärung zum Wochenspruch
Liturg/in: Für den dritten Advent haben wir einen roten Teppich ausgepackt. Ein roter Teppich wird immer dann ausgerollt, wenn ein sehr wichtiger Gast erwartet wird. Bei Staatsbesuchen geschieht das, wenn ein Präsident oder ein hoher Staatschef aus einem anderen Land empfangen wird, oder bei berühmten Menschen aus der Film- und Fernsehwelt, wenn sie zu einem besonderen Fest eingeladen sind.
Das Wort für den 3. Advent heißt: »Bereitet dem Herrn den Weg; denn siehe, der Herr kommt gewaltig.« (Jesaja 40,3.10)
Der Wochenspruch verdeutlicht uns, dass an Weihnachten ein sehr wichtiger und hoher Gast kommt: Es kommt Gott höchstpersönlich zu den Menschen. Und er kommt gewaltig, königlich, als Sieger. Aber er kommt auch ganz anders, wie wir es uns vorstellen. Und er kommt ganz von sich aus. Weil er uns Menschen ganz nahe sein will.
Wir Menschen können und sollen uns auf diese Ankunft Gottes vorbereiten, indem wir ihm den Weg bereiten. Dieser kleine rote Teppich steht für alle Wegbereitung und dafür, dass wir ihn wie einen ganz besonderen Gast empfangen wollen.

Symbol und Wochenspruch werden auf den 3. Pfeil geheftet

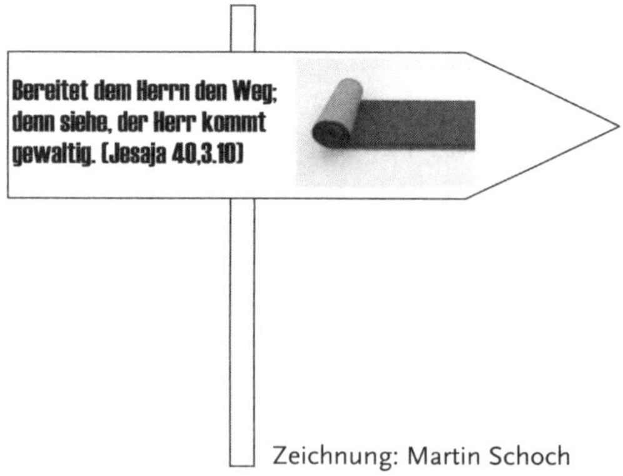

Zeichnung: Martin Schoch

Liturg/in: Wir kleben nun den Wochenspruch auf den dritten Pfeil. Den roten Teppich hängen wir auch an diesen dritten Pfeil. Auch dieser dritte Pfeil ist auf das Christfest ausgerichtet, weil dadurch Gott zu uns Menschen kommt.

Lieder
Macht hoch die Tür (EG 1,1.4.5 / LJ 12,1.4.5 / KG 26,1.4.5)
Stern über Bethlehem (EG RT / LJ 326 KG 42 / MKL 1,131)

Basteln: Weben eines kleinen roten Teppichs
Wer die Möglichkeit hat, kann mit den Kindern einen kleinen roten Teppich weben. Wir überlegen gemeinsam, wie wir uns auf die Ankunft Gottes in der Welt vorbereiten können. Die Kinder schreiben ihre Vorschläge auf kleine Zettel oder malen es. Die beschrifteten Zettel oder die gemalten Bilder legen bzw. heften wir an den roten Teppich.

4. Advent
Freuet euch allewege – der Herr ist nahe (Philipper 4,4–7)

Symbol: Kerze

4. Päckchen wird ausgepackt: Symbol »Kerze« und Wochenspruch für den 4. Advent
Ein Kind packt das vierte Päckchen (Kerze) aus und hält die Kerze hoch. Das Plakat mit dem Wochenspruch gibt es dem/der Liturgen/in.

Wochenspruch
Freuet euch in dem Herrn allewege, und abermals sage ich: Freuet euch! Der Herr ist nahe! (Philipper 4,4–5)

Erklärung zum Wochenspruch
Liturg/in: Für den vierten Advent haben wir eine Kerze ausgepackt. Diese Kerze können wir anzünden. *(Kerze wird angezündet.)* Eine brennende Kerze wärmt und spendet Licht. Sie vertreibt die Dunkelheit und erhellt den Raum.
Auf dem Altar brennen beim Gottesdienst auch Kerzen. Sie deuten an, dass Gott hier ist, obwohl wir ihn nicht sehen können.

Im Advent zünden wir die Kerzen auf dem Adventskranz an. Mit jedem Adventssonntag kommen wir dem Weihnachtsfest näher. Heute am vierten Advent brennen alle vier Kerzen auf dem Adventskranz. Nun ist das Christfest ganz nahe und das Weihnachtsfest steht vor der Tür. Der Wochenspruch greift diese besondere vorweihnachtliche Stimmung auf. Er ruft uns zu: »Freuet euch in dem Herrn allewege, und abermals sage ich: Freuet euch!. Der Herr ist nahe! (Philipper 4,4–5)

Symbol und Wochenspruch werden auf den 4. Pfeil geheftet

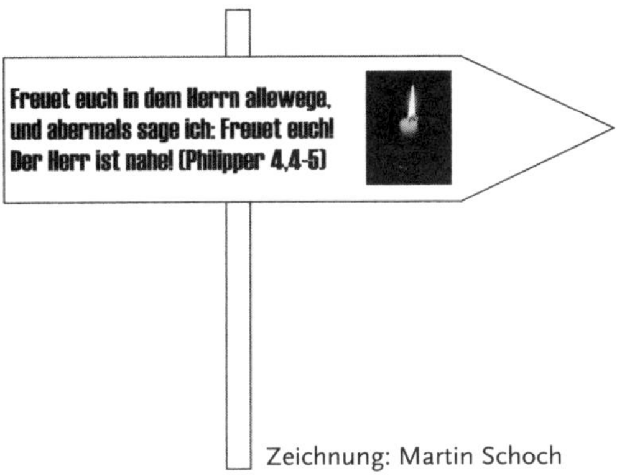

Zeichnung: Martin Schoch

Liturg/in: Wir kleben nun den Wochenspruch auf den vierten Pfeil. Die Kerze stellen wir auf den Holzstab des vierten Hinweisschildes oder dort auf den Boden. Auch dieser vierte Pfeil ist auf das Christfest ausgerichtet, weil von dort Gott zu uns Menschen kommt.

Lieder

Seht, die gute Zeit ist nah (EG 18 / LJ 28 / KG 27)
Wir sagen euch an den lieben Advent (EG 17 / LJ 26 / KG 29)

Basteln: Bunte Gläser für Teelichte

Die Kinder bekleben kleine Gläser (Marmeladengläser o. Ä.) für Teelichte. Hierzu werden die Gläser mit Kleister bestrichen und darauf Schnipsel aus (verschiedenfarbigem) Transparentpapier geklebt. Die bunten Teelichtgläser werden dann so aufgestellt, dass sie die vier Hinweisschilder miteinander verbinden.

Heiligabend/Weihnachten
Fürchtet euch nicht – Gott kommt als Kind (Lukas 2,1–20)

Symbol: Geschenk

5. Päckchen wird ausgepackt: Symbol »Geschenk« und Wochenspruch für Weihnachten

Ein Kind packt das fünfte und letzte Päckchen (Geschenk) aus und hält das Geschenk hoch. Das Plakat mit dem Wochenspruch gibt es dem/der Liturgen/in.

Wochenspruch

Das Wort ward Fleisch und wohnte unter uns, und wir sahen seine Herrlichkeit. (Johannes 1,14)

Erklärung zum Wochenspruch

Liturg/in: Heute haben wir das fünfte und letzte Päckchen ausgepackt. Dieses Päckchen ist anders als die vier anderen Päckchen. Es ist als Geschenk mit schönem Geschenkpapier verpackt. Zu Weihnachten gehören nun mal Geschenke. So auch dieses Geschenk, das wir gerade ausgepackt haben. Aber es ist ein besonderes Geschenk: Es ist kein Spiel, es ist nichts zum Basteln, auch kein Buch zum Lesen. Es ist auch kein Gutschein. – Es ist ein kleines Kind in der Krippe. Das ist am Christfest das Geschenk Gottes an die Menschen. Gott schenkt uns seinen Sohn. Seit diesem Tag lebt und wohnt Gott bei uns Menschen. Wir sind nicht mehr allein. Ist das nicht ein herrliches Geschenk, das Gott uns mit dem Christfest bereitet? Ja, es ist ein herrliches Geschenk Gottes.

Bei allen Gefühlen, die wir mit dem Weihnachtsfest verbinden, ist es gut, dass jemand einen klaren Kopf behält. Weihnachten geht vorüber, die weihnachtlichen Gefühle lassen nach, aber das Geschenk Gottes bleibt bei uns auf Erden. Diesen klaren Kopf hat sich Johannes bewahrt, der uns das Wort für diese Woche vorgesagt hat. In seinem Evangelium lesen wir: »Das Wort ward Fleisch und wohnte unter uns, und wir sahen seine Herrlichkeit.« (Johannes 1,14)

Lieder

Ihr Kinderlein kommet (EG 43 / LJ 44 / KG 34)
Als ich bei meinen Schafen wacht (KG 38)
Der Heiland ist geboren (EG 49 / LJ 48)
Ich steh an deiner Krippen hier (EG 37 / LJ 42)

Aufstellen der Krippe

Eine Krippe wird aufgestellt. In diese Krippe wird das Geschenkpäckchen hineingelegt. Danach kann auf die Symbole und Wochensprüche der Adventssonntage verwiesen werden. Die Hinweisschilder werden dabei um die Krippe postiert und auf das Geschenk in der Krippe gerichtet.

Stichworte

Advent, Weihnachten, Wochensprüche, Vorbereitung

Martin Schoch und Kathrin Lichtenberger

Register

I. Bearbeitete Bibelstellen

II. Lieder

III. Thematische Stichworte

IV. Liturgische Texte/Aktionen

Zusammenkommen – sich Gott zuwenden

Hören und antworten

Sendung – Segen